我意气八面威风
斗牛士尽是激情

西班牙队

流年 编著

典藏版

ZB 直笔巨献

直笔体育百科系列

北京时代华文书局

目 录

荣耀时刻　　　　　　　　　　　　1
巨星榜　　　　　　　　　　　　　7
篇首语　　　　　　　　　　　　　45

第一章　初生牛犊：充满波折　　　51
　　　　萌芽成长期　　　　　　　52
　　　　挫折中前行　　　　　　　55

第二章　第一个顶峰：欧洲之巅　　59
　　　　奋起直追的斗牛士　　　　60
　　　　第一次国际大赛冠军　　　64

第三章　漫长低谷期：如何复苏　　69
　　　　巅峰之后，走入低谷　　　70
　　　　重回正轨，一线希望　　　73
　　　　主场作战，遗憾收场　　　77
　　　　神奇教练，迎来转机　　　81

第四章　斗牛士归来：开始复苏　　85
　　　　状态好转，回归常态　　　86
　　　　潜在危险，重蹈覆辙？　　90
　　　　防守至上，稳定发挥　　　93

第五章　巅峰来临前：光芒呈现　　97
　　　　仅是预选赛之王　　　　　98
　　　　止步不前的困境　　　　　103

第六章　斗牛士王朝：崛起2008　　109
　　　　破釜沉舟，战术革新　　　110

	将帅矛盾，旗帜告别	113
	不破不立，背水一战	116
	遇强则强，王朝崛起	119
第七章	斗牛士王朝：盛世2010	123
	战术传承，强势继续	124
	当头一棒，遭遇打击	127
	随机应变，一路前行	132
	夺冠时刻，世界之巅	137
第八章	斗牛士王朝：辉煌2012	141
	再度出击，无锋战术	142
	遭遇挑战，难阻前行	146
	无敌之师，荣耀卫冕	149
	遭遇反噬，噩梦到来	152
第九章	斗牛士再出发：重新起航	155
	跌下神坛，辉煌难现	156
	低谷延续，未能复苏	160
	星光闪现，更新换代	168
	经典瞬间	173
	星光璀璨	193
	最佳阵容	214
	历任主帅及战绩	215
	历届大赛成绩	216
	历史出场榜	218
	历史进球榜	219

荣耀时刻

⚽ 2010年国际足联世界杯（简称"世界杯"）决赛，西班牙队1∶0击败荷兰队，历史上首次夺得世界杯冠军，安德雷斯·伊涅斯塔在加时赛中打入绝杀球。荷兰队第三次获得世界杯亚军，再添一抹无冕之王的悲情色彩。

西班牙队决赛出场阵容（"4231"阵形）：
门将：1-伊戈尔·卡西利亚斯
后卫：11-霍安·卡普德维拉、3-杰拉德·皮克、5-卡莱斯·普约尔、15-塞尔吉奥·拉莫斯
防守型中场：16-塞尔吉奥·布斯克茨、14-哈维·阿隆索（10-塞斯克·法布雷加斯，87′）
攻击型前场：6-安德雷斯·伊涅斯塔、8-哈维、18-佩德罗（22-赫苏斯·纳瓦斯，60′）
中锋：7-大卫·比利亚（9-费尔南多·托雷斯，106′）

1

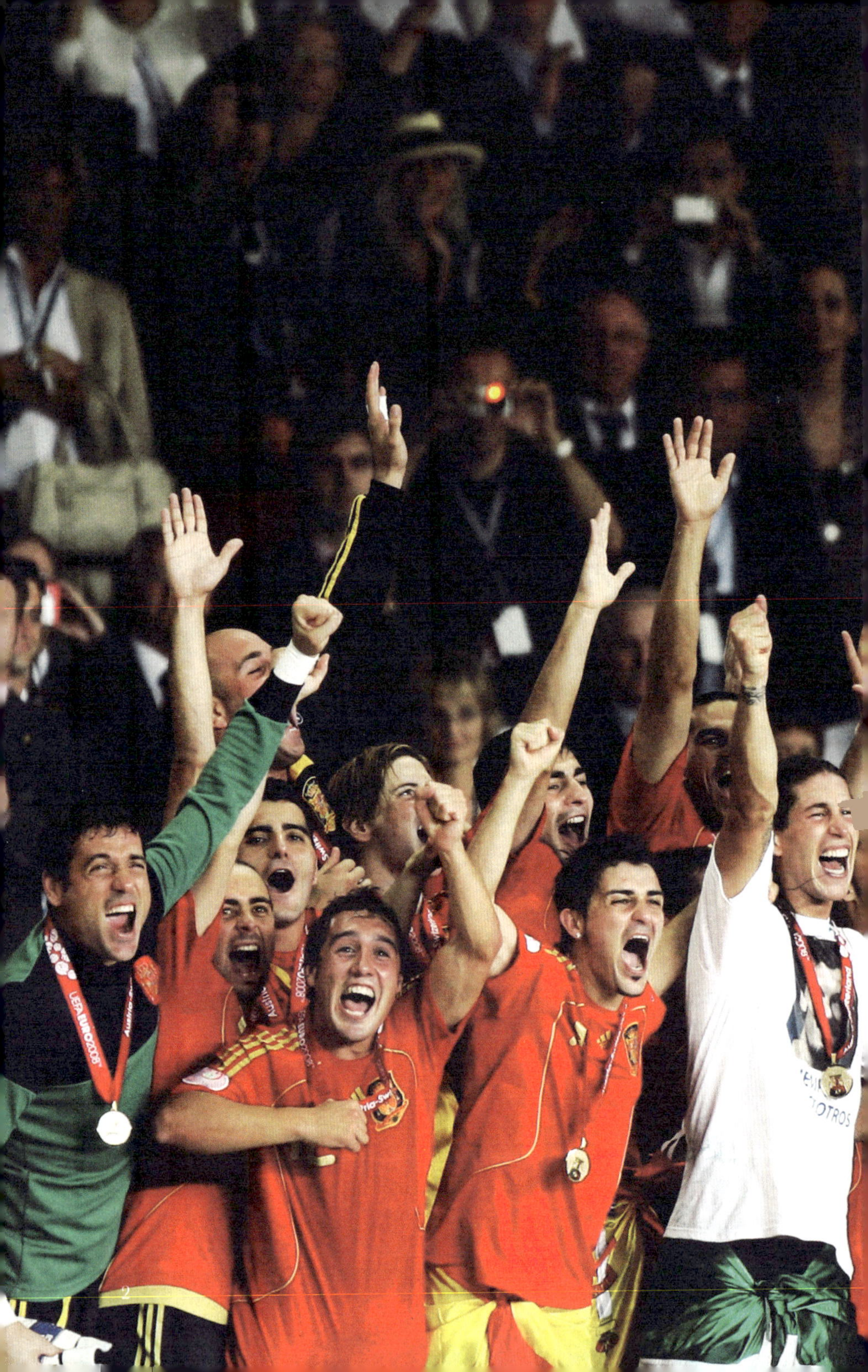
UEFA EURO2008

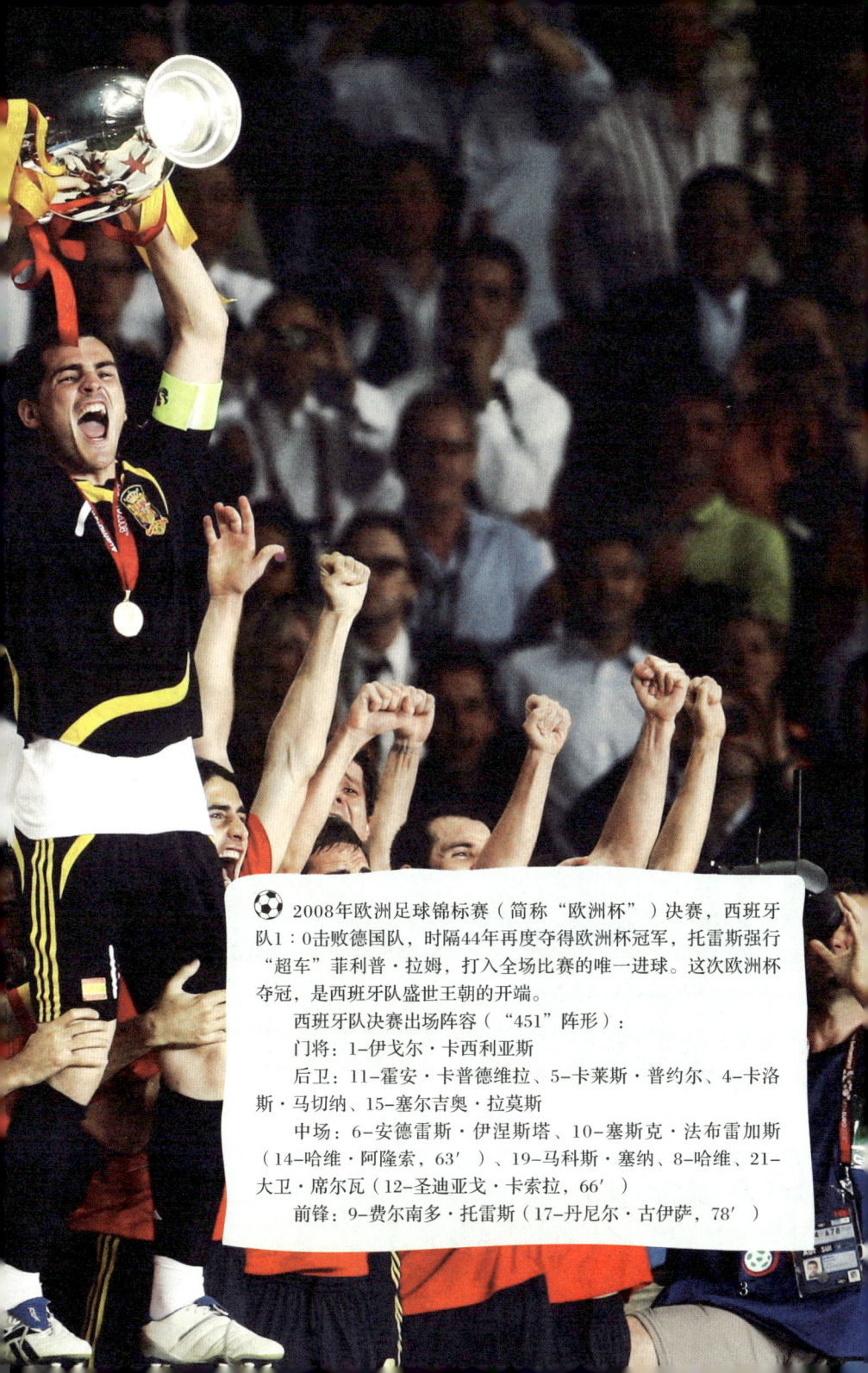

⚽ 2008年欧洲足球锦标赛(简称"欧洲杯")决赛,西班牙队1:0击败德国队,时隔44年再度夺得欧洲杯冠军,托雷斯强行"超车"菲利普·拉姆,打入全场比赛的唯一进球。这次欧洲杯夺冠,是西班牙队盛世王朝的开端。

西班牙队决赛出场阵容("451"阵形):

门将:1-伊戈尔·卡西利亚斯

后卫:11-霍安·卡普德维拉、5-卡莱斯·普约尔、4-卡洛斯·马切纳、15-塞尔吉奥·拉莫斯

中场:6-安德雷斯·伊涅斯塔、10-塞斯克·法布雷加斯(14-哈维·阿隆索,63′)、19-马科斯·塞纳、8-哈维、21-大卫·席尔瓦(12-圣迪亚戈·卡索拉,66′)

前锋:9-费尔南多·托雷斯(17-丹尼尔·古伊萨,78′)

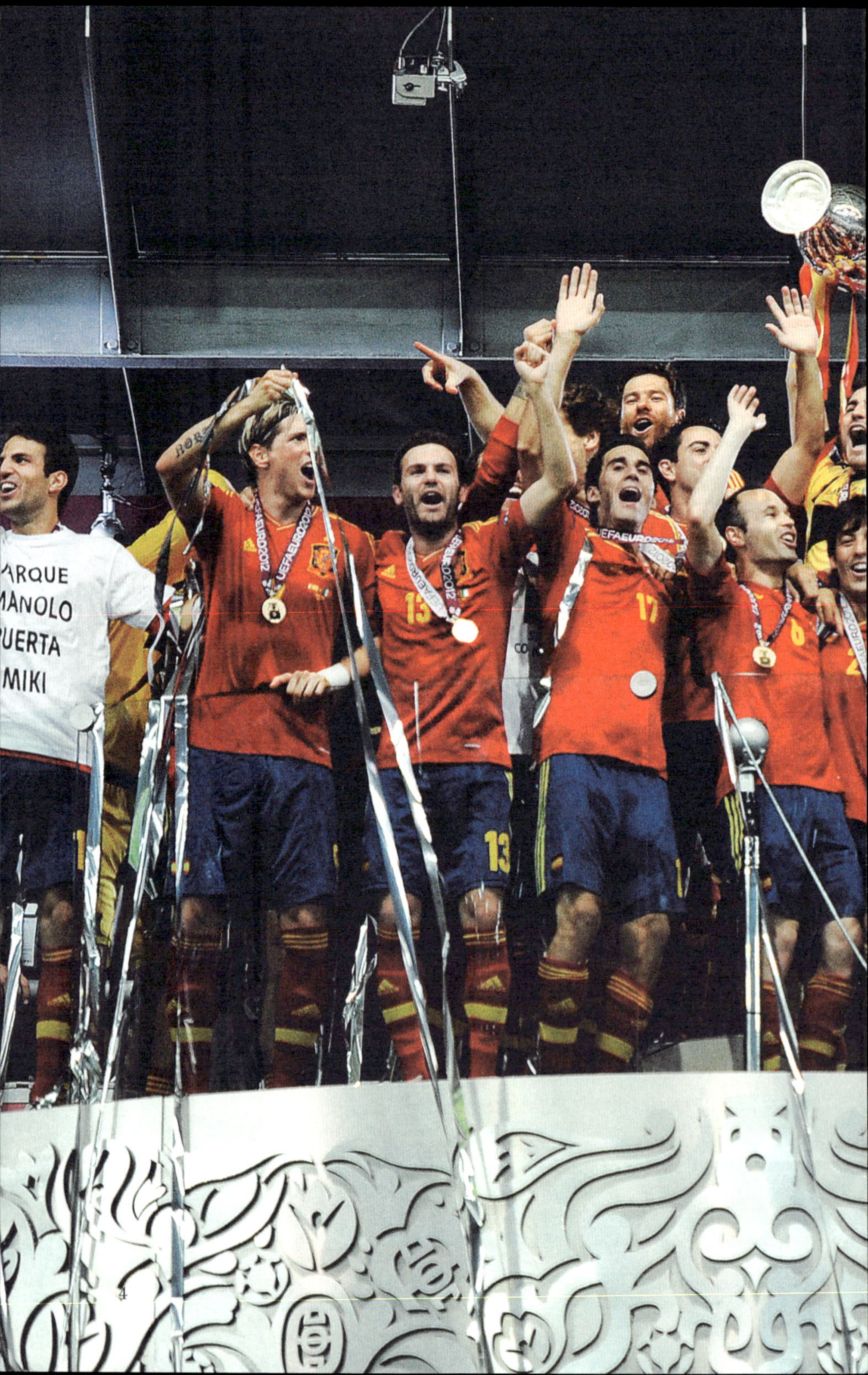
ARQUE
MANOLO
UERTA
MIKI
UEFAEURO2012

⚽ 2012年欧洲杯决赛，西班牙队4：0大胜意大利队，成功卫冕欧洲杯，也成为近代足球历史上首支蝉联欧洲杯冠军和首支连夺三届国际大赛（世界杯和欧洲杯）冠军的球队。

西班牙队决赛出场阵容（"433"阵形）：

门将：1-伊戈尔·卡西利亚斯

后卫：18-霍尔迪·阿尔瓦、3-杰拉德·皮克、15-塞尔吉奥·拉莫斯、17-阿尔瓦罗·阿韦洛亚

中场：8-哈维、16-塞尔吉奥·布斯克茨、14-哈维·阿隆索

前锋：6-安德雷斯·伊涅斯塔（13-胡安·马塔，87'）、10-塞斯克·法布雷加斯（9-费尔南多·托雷斯，75'）、21-大卫·席尔瓦（7-佩德罗，59'）

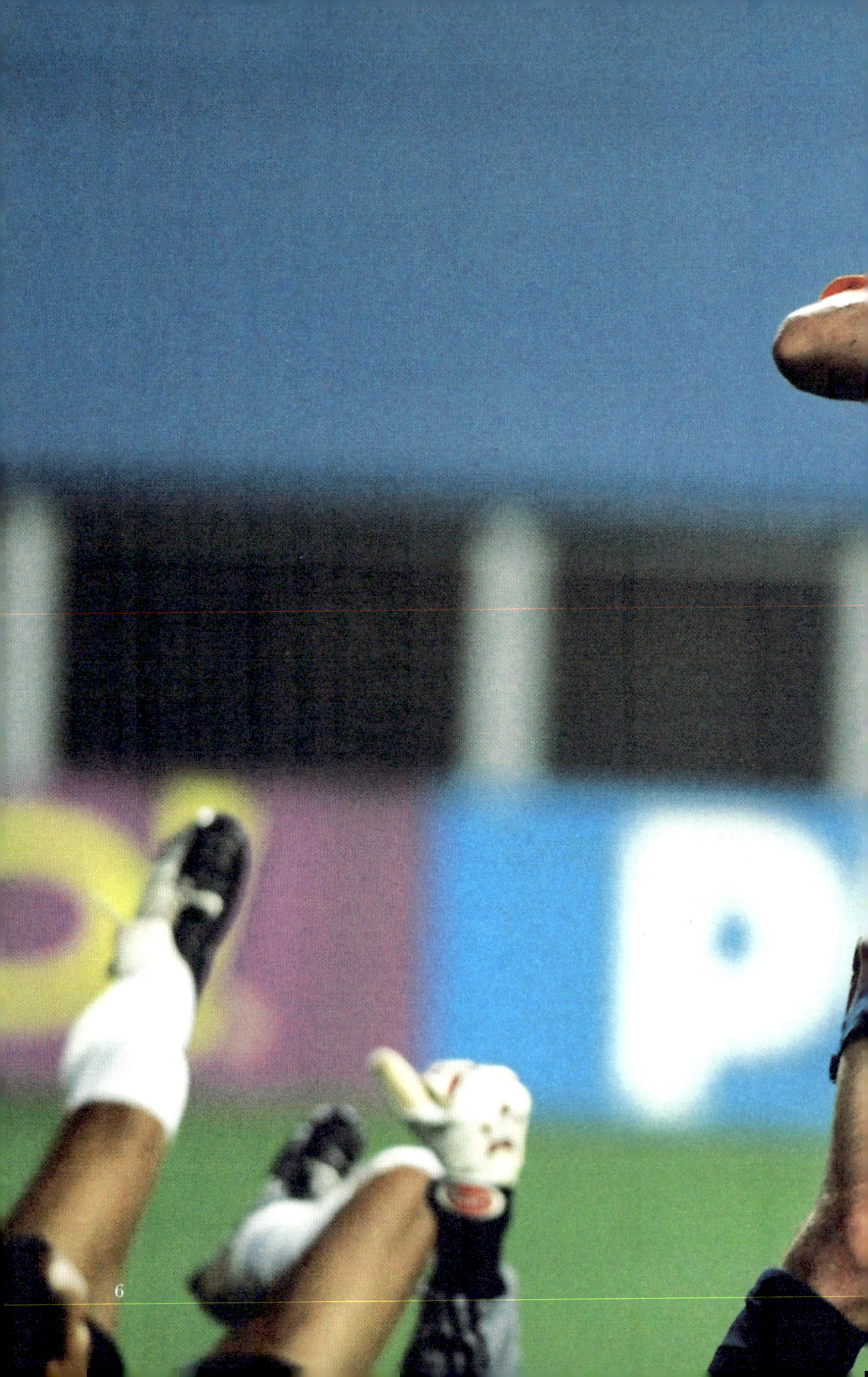

巨星榜

姓名：劳尔·冈萨雷斯·布兰科

出生日期：1977年6月27日

主要球衣号码：10号、7号

国家队数据：102场44球

悲情"指环王"

他是西班牙队的"金童王子",是球队在困难时期的唯一希望;他是白衣飘飘的"伯纳乌剑客",是属于皇家马德里队(简称"皇马队")的永恒传奇;他是进球之后,亲吻戒指向妻子表达爱意的球场好男人;他是无数球迷的偶像,更是绿茵场的传奇。他就是劳尔·冈萨雷斯·布兰科。

劳尔在西班牙队的时光是幸福的,因为他陪伴西班牙队走出了低谷。

1996年,19岁的劳尔就已经成为西班牙队的一员。1998年世界杯,他第一次站在国际大赛的舞台上,小组赛的进球是他在世界杯上第一次"亮剑"。从那一刻起,人们开始知道西班牙队有一个这样耀眼的"金童"。

1999年,在西班牙队与奥地利队的一场交锋中,劳尔披荆斩棘,犹如猛虎下山,单场独进四球,这一壮举让劳尔与传奇前辈埃米利奥·布特拉格诺的成就得以并肩。那一刻,劳尔成为西班牙队球迷心中的神,他的名字与荣

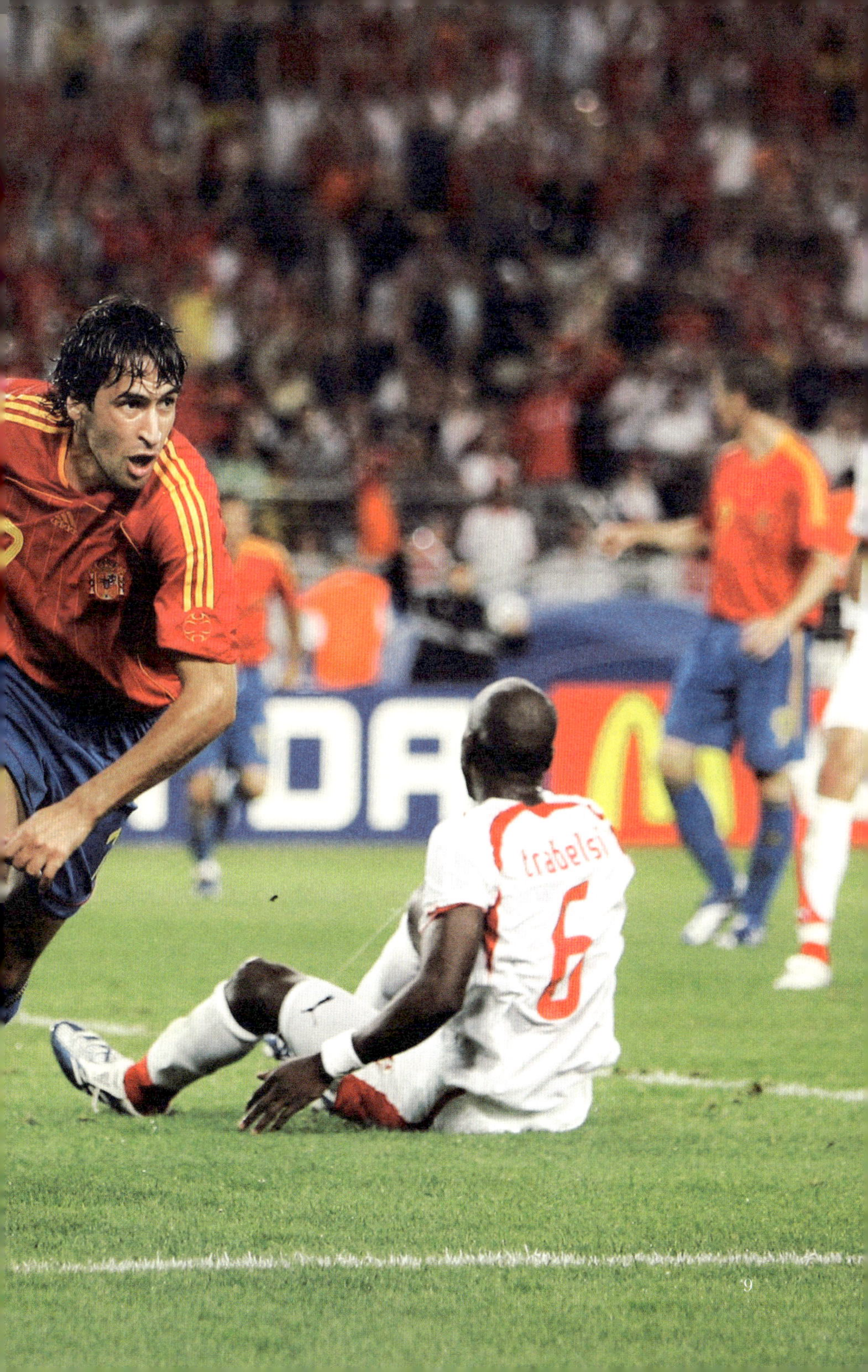
trabelsi
6

耀紧密相连。2000年欧洲杯预选赛,劳尔在8场比赛中打入10球,表现无可挑剔,令人叹为观止。

2000年欧洲杯、2002年世界杯以及2004年欧洲杯,劳尔继续发光发热。虽然西班牙队的成绩不尽如人意,但是球队悄然之间完成了人才的积蓄。到了2006年世界杯,劳尔在对阵突尼斯队的比赛中打进一球,但这成了他在世界杯上的最后一个进球。虽然西班牙队止步八强,但这是王朝开启前的最后的低谷。

劳尔在西班牙队的时光亦是悲情的,当球队进入王朝时代,他却未能成为其中一员。

2006年世界杯结束之后,纵使劳尔在皇马队摧城拔寨,各种进球和荣誉纷纷接踵而至,可他却成了西班牙队的看客。因为

与主教练路易斯·阿拉贡内斯关系不和，劳尔在2006年底逐渐淡出了西班牙队。

没有了劳尔的西班牙队，却获得了2008年欧洲杯冠军，更是在接下来的时间里缔造了西班牙足球的王朝。有人说劳尔是西班牙队的"球霸"，正因为没有了他，西班牙队才能取得这样辉煌的荣耀。

可是真正了解西班牙足球、了解劳尔的球迷都清楚，如果"三冠王朝"的西班牙队，能够继续拥有劳尔，那将是如虎添翼。但是足球世界没有如果，劳尔的职业生涯注定交织在国家队的悲情与俱乐部的辉煌之间，二者一路并行。

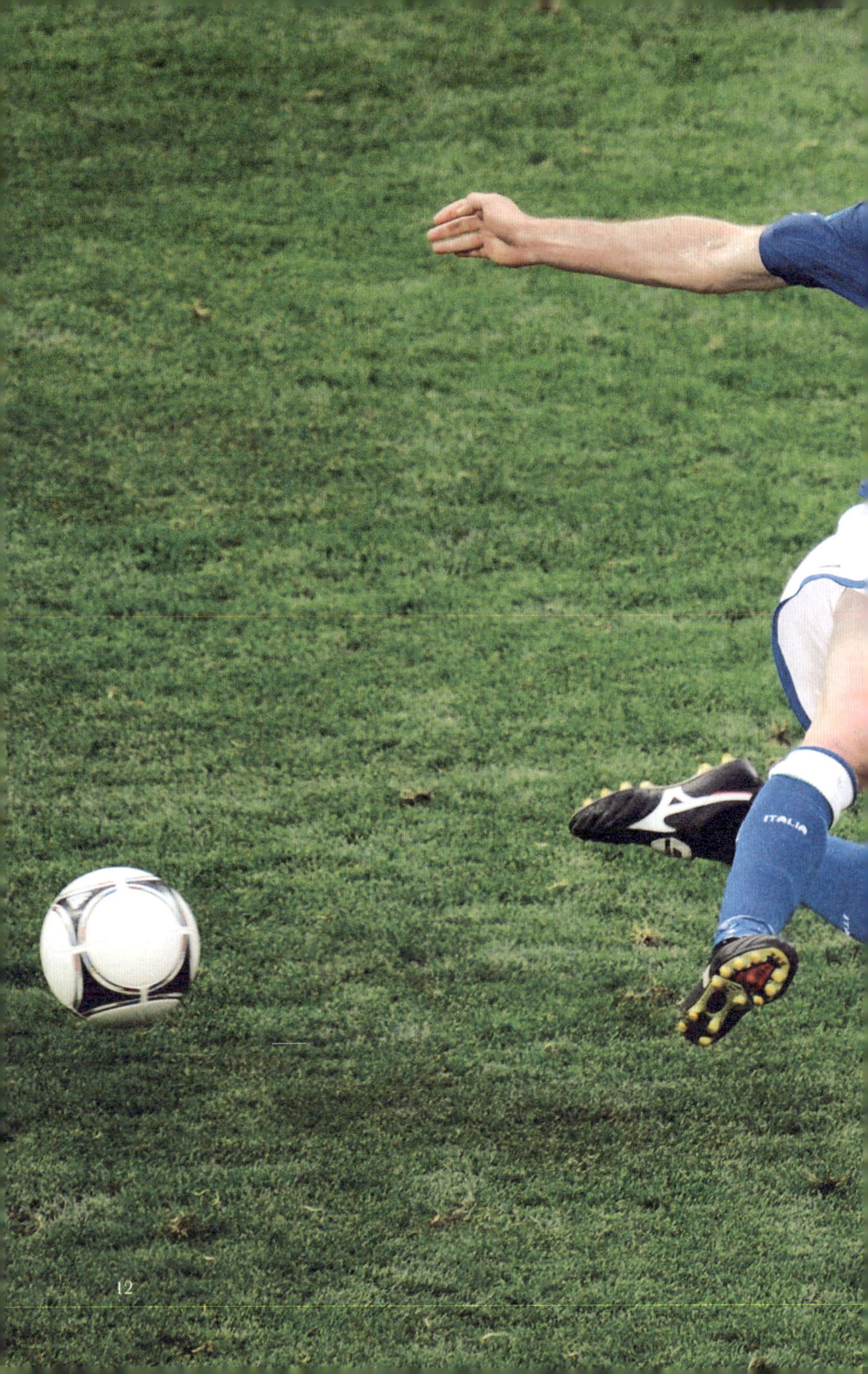
ITALIA

姓名：哈维

出生日期：1980年1月25日

主要球衣号码：19号、20号、6号、4号、8号

国家队数据：133场12球

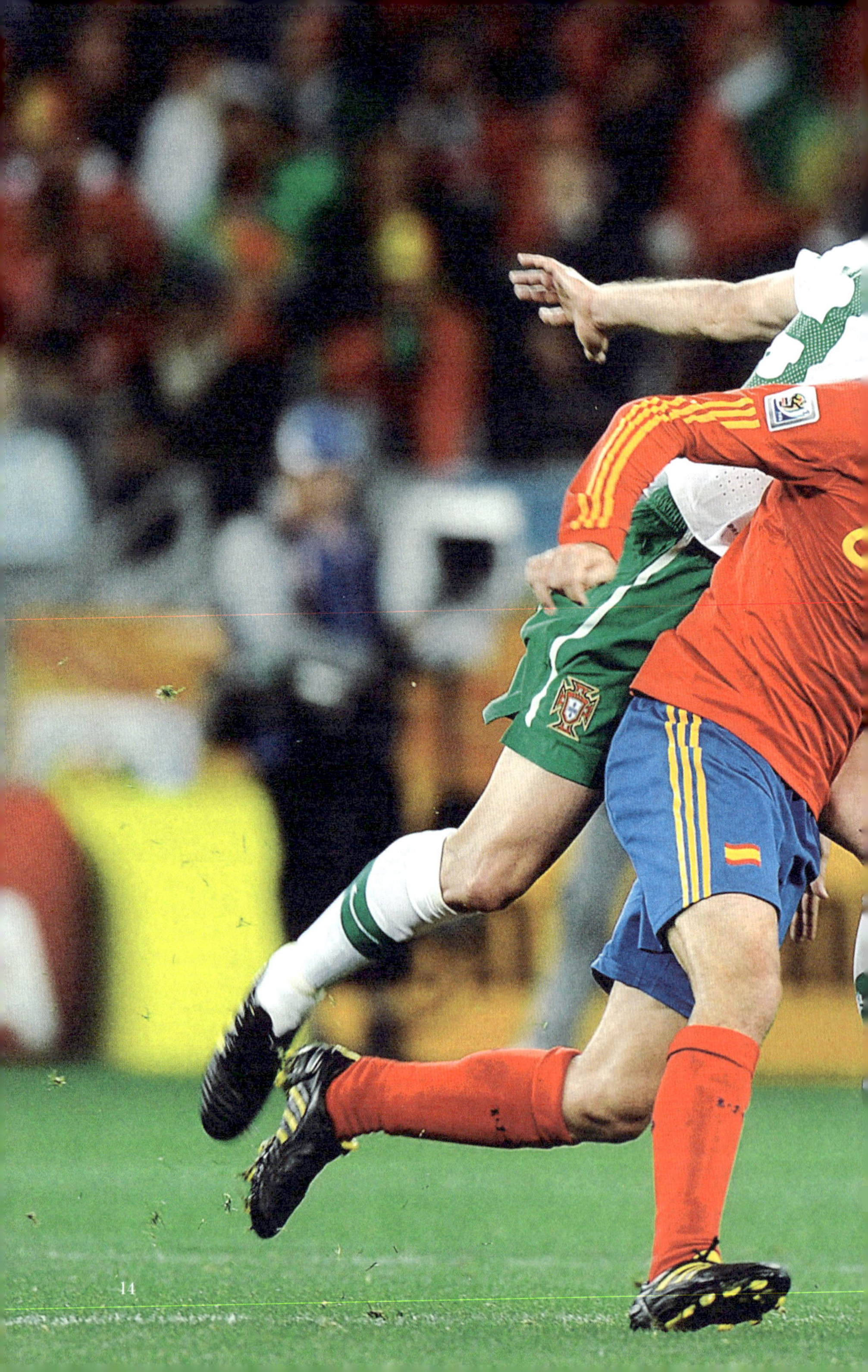

球队大脑

当西班牙队在2008年再次站上欧洲之巅，当Tiki-Taka（一种讲究传控的足球战术）在2010年南非世界杯上绽放出最灿烂的光芒，当"斗牛士军团"在2012年实现史无前例的欧洲杯卫冕，人们开始探寻这背后的核心大脑究竟是谁？答案只有一个——哈维。

如何形容哈维？他是技术精湛的天才球员，也是孕育神奇的组织核心，他身材略显瘦弱却不影响他成为西班牙队和巴塞罗那队（简称"巴萨队"）的核心球员。2000年哈维首次代表西班牙队出战，两年后的2002年，哈维第一次出征世界杯，直至2004年，哈维第一次征战欧洲杯。此时的哈维尚且年轻，但已经开始显露非凡的才华。

时间来到2006年世界杯之后，西班牙队和巴萨队都迎来了战术的改变，悄然之间哈维已成为团队的核心，接下来的故事对于哈维来说，也是如此完美。2008年欧洲杯，西班牙队一路高歌猛进，最终顺利夺得冠军，哈维本人也被评为赛事最佳球员并入选最佳阵容。

2010年世界杯，西班牙队继续高奏凯歌，历史首次夺得世界杯冠军，显然，属于西班牙

队的王朝已然建立。哈维在本届赛事中继续书写自己的传奇，他以惊人的657次总传球数和场均93.9次的传球数高居所有参赛球员之首。

时间来到2012年，西班牙队迎来顶级狂欢——卫冕欧洲杯。哈维依然是当仁不让的绝对核心球员，他将西班牙队打理得井井有条。在最后的决赛中，哈维更是送出两次精妙的助攻，成为球队夺冠的功臣。

连续在三届国际大赛中以核心球员的身份夺冠，哈维无愧于"中场大师"的称号。2014年世界杯结束之后，哈维选择退出国家队，留下的则是不朽的传奇故事。当然，哈维在俱乐部的表现也堪称大师级别，他为巴萨队出战767场，斩获了总计25座冠军奖杯。

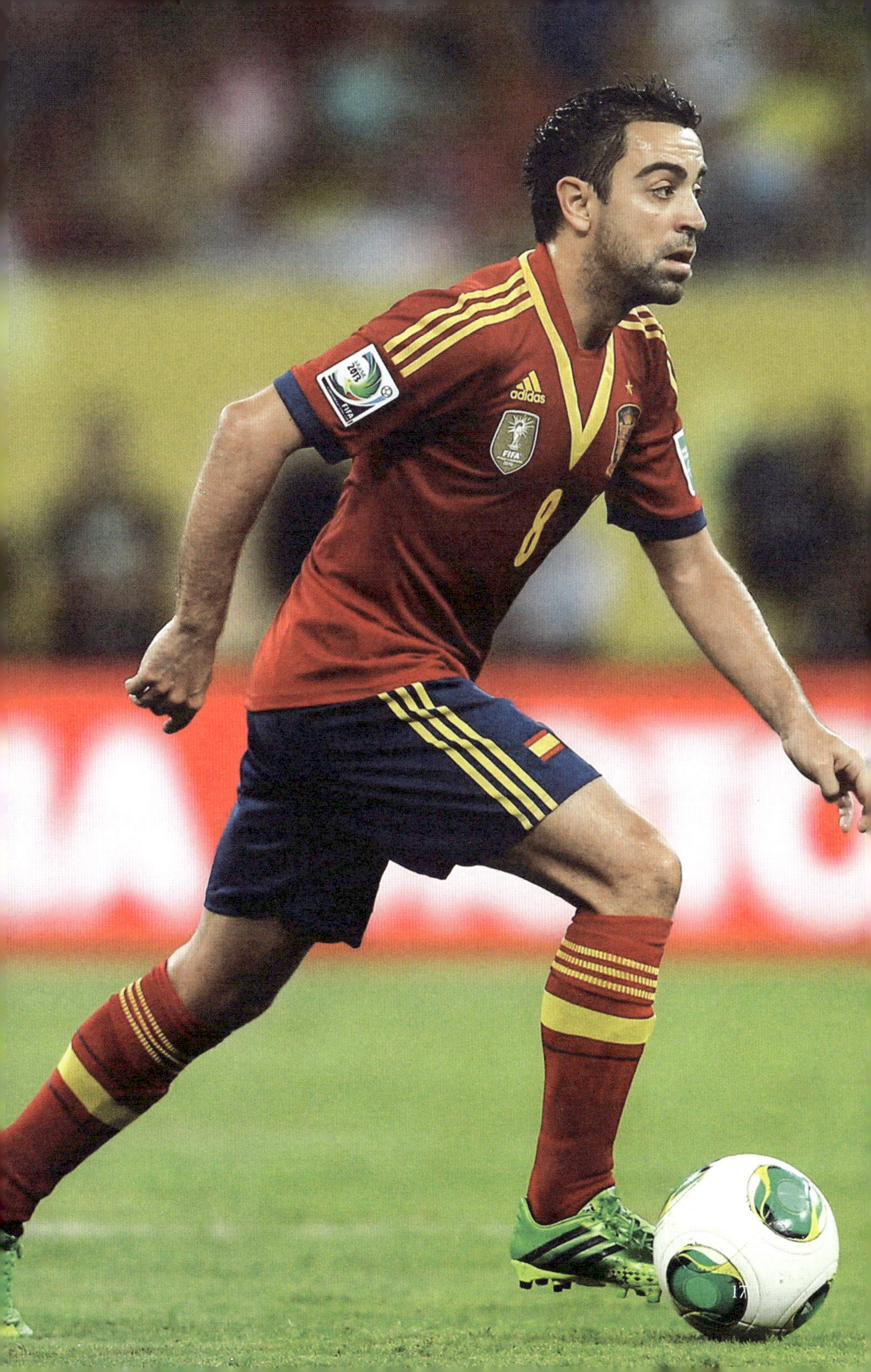
adidas
8

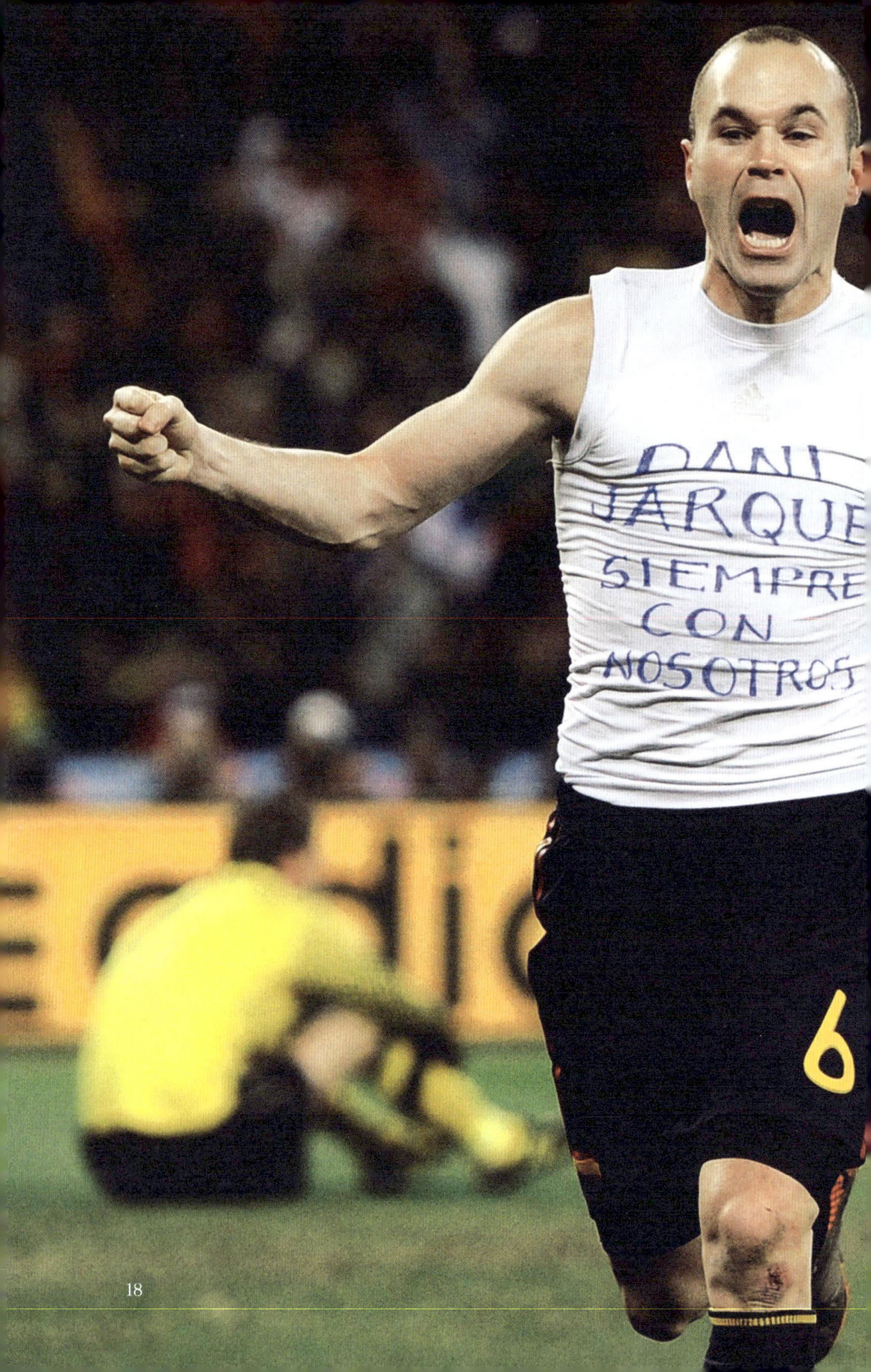
DANI
JARQUE
SIEMPRE
CON
NOSOTROS

姓名：安德雷斯·伊涅斯塔

出生日期：1984年5月11日

主要球衣号码：13号、16号、6号

国家队数据：131场14球

冠军缔造者

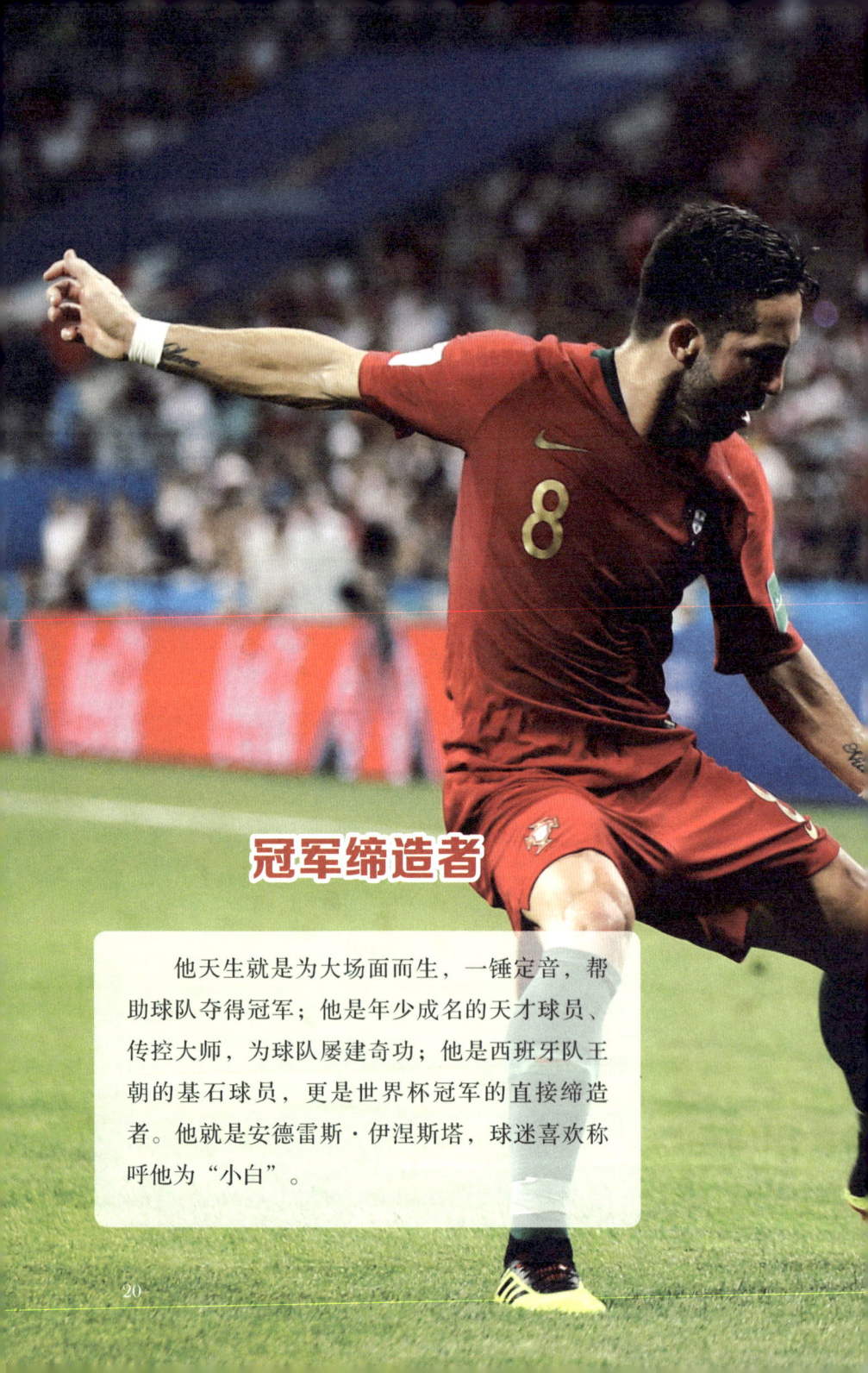

他天生就是为大场面而生，一锤定音，帮助球队夺得冠军；他是年少成名的天才球员、传控大师，为球队屡建奇功；他是西班牙队王朝的基石球员，更是世界杯冠军的直接缔造者。他就是安德雷斯·伊涅斯塔，球迷喜欢称呼他为"小白"。

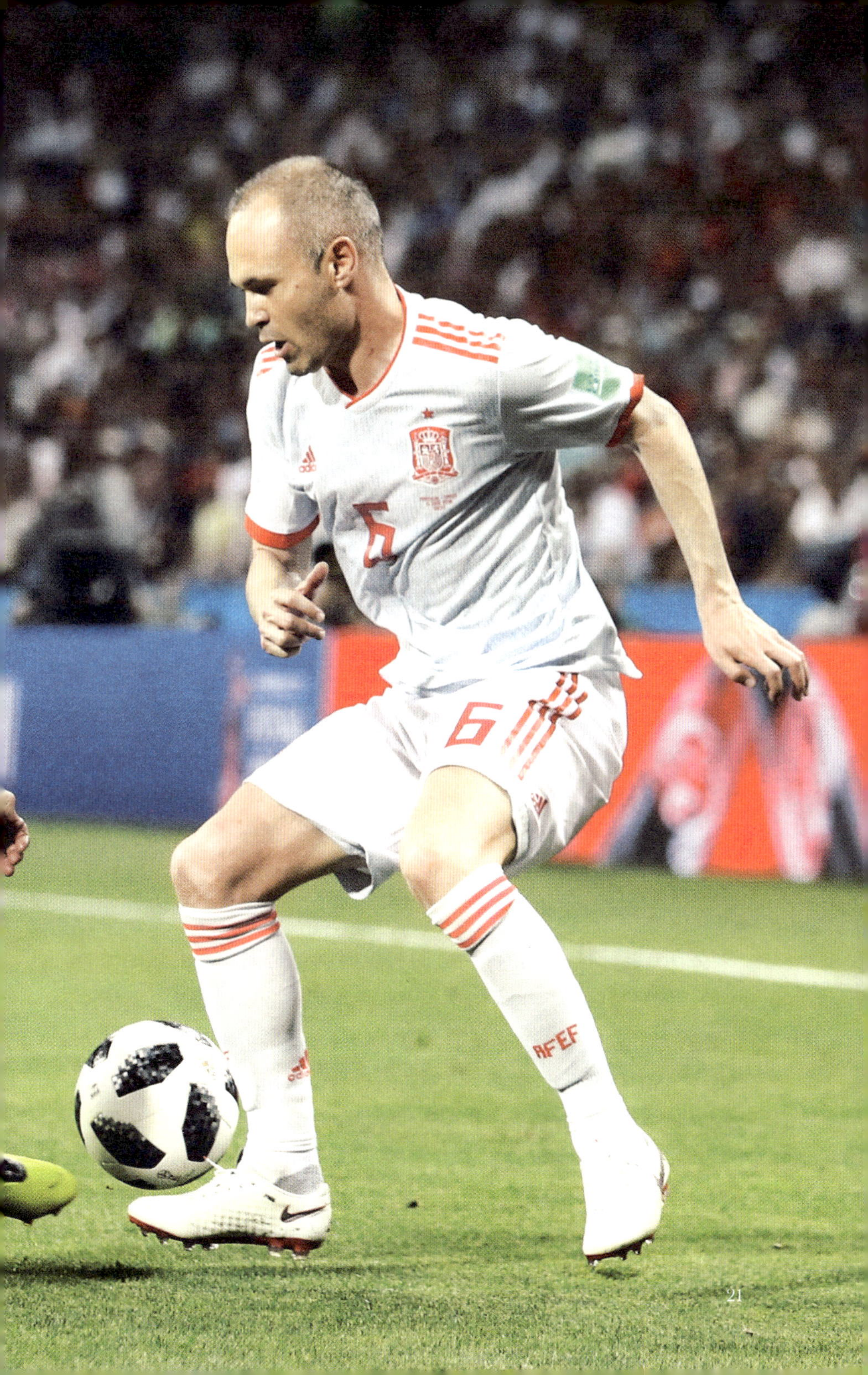
RFEF

18岁时，伊涅斯塔便在巴萨队完成了其职业生涯的首秀，并在一场场比赛中积累了丰富的经验，无论是中场调度还是边路进攻，他都能游刃有余地完成任务。2008年欧洲杯，24岁的伊涅斯塔与队友共同书写了西班牙队的新篇章。他作为主力队员，参与了每一场比赛，并且打入两球，为西班牙队夺冠立下了汗马功劳。

2010年世界杯，伊涅斯塔的辉煌时刻更是被载入世界足球史册。西班牙队与荷兰队在决赛中打得难解难分，双方甚至激战到加时赛。点球大战似乎就要来临，但伊涅斯塔拒绝了这样的剧本。法布雷加斯精准传球，伊涅斯塔反越位成功，然后一脚劲射定乾坤。进球之后的伊涅斯塔兴奋地脱掉球衣庆祝。

此时伊涅斯塔的身上露出一件纪念衬衫，上面写着"我们

始终与你同在,丹尼尔·哈尔克"。丹尼尔·哈尔克,他是伊涅斯塔的挚友,是西班牙队的球员,他在2009年因为心脏衰竭而猝死。伊涅斯塔用这样的纪念方式感动了全世界。

2012年欧洲杯,伊涅斯塔更是如入化境,他在中场运筹帷幄,再度帮助西班牙队夺得欧洲杯冠军。伊涅斯塔也凭借在整个2012年的出色表现,获得了欧足联年度最佳球员奖,在个人奖项被利昂内尔·梅西和克里斯蒂亚诺·罗纳尔多垄断的年代中脱颖而出。

2018年世界杯,伊涅斯塔上演了在西班牙队的告别战。伊涅斯塔在俱乐部的表现同样令人瞩目,他为巴萨队立下赫赫战功。如今的伊涅斯塔依然在为足球事业奋斗着、努力着。

24

姓名：伊戈尔·卡西利亚斯

出生日期：1981年5月20日

主要球衣号码：13号、23号、1号

国家队数据：167场

他是西班牙队的守护之神，"一夫当关，万夫莫开"——他在连续三届国际大赛的淘汰赛中未丢一球；他是皇马队的功勋传奇，"叹息之墙，圣伊戈尔"——他用一次次扑救演绎属于门将最精彩的故事。他就是伊戈尔·卡西利亚斯。

2010年世界杯决赛，面对飞速奔跑的阿尔扬·罗本，卡西利亚斯面无惧色，在罗本出脚的一刹那横身扑救，用腿挡出了罗本的射门。这一次成功的解围，改写了世界足球的历史，让荷兰队失去了夺冠的机会，而西班牙队成功登顶。

有人说这次扑救就是卡西利亚斯的巅峰时刻，这可谓大错特错。这样的扑救对于卡西利亚斯来说，不过是普普通通。18岁的卡西利亚斯就成为欧洲冠军联赛（简称"欧冠"）历史上最年轻的冠军门将，19岁时他就完成了在西班牙队的首秀，并且入选了2000年欧洲杯的球队大名单。

年轻时的卡西利亚斯就经历过无数大场面的洗礼，早已做好了成为比赛主角的准备。2002年世界杯、2004年欧洲杯以及2006年世界杯，这些只是成功路上的点缀。2008年欧洲杯，在对阵意大利队的1/4决赛中，卡西利亚斯在点球大战中扑出了对手的两个点球，帮助西班牙队晋级四强。2010年世界杯的金手套奖，更是凸显其价值。2012年欧洲杯，卡西利亚斯仅在小组赛首战中丢球，在此后的连续509分钟内没有失球，这堪称一个奇迹。

卡西利亚斯在门将这个位置上，倾其所有，也成为球迷心中最具代表的"门神"之一。

27

姓名：卡莱斯·普约尔

出生日期：1978年4月13日

主要球衣号码：5号

国家队数据：100场3球

29

"狮王"

是他的头球破门，护送西班牙队进入2010年世界杯决赛；是他的防守，成为西班牙队强有力的保障；是他轻伤不下火线，成为西班牙队和巴萨队后防的"定海神针"。他就是卡莱斯·普约尔，球迷心中的"狮王"！

普约尔从2000年开始为西班牙队效力，和这个时期的大多数西班牙国脚一样，他收获了无数荣誉。在西班牙队以传控为核心的足球里，普约尔作为后防球员，其传控技术并不是那么出众，但他是西班牙队在对抗方面的有力补充。

2008年欧洲杯和2010年世界杯，普约尔都用坚强的防守为队友打造了一片可以肆意发挥的比赛环境。除了在防守端任劳任怨，普约尔在进攻端也有着出色的表现。2010年世界杯半决赛，西班牙队陷入了和德国队的苦战，就在这可能被对手拖入加时赛的千钧一发之际，普约尔在一次角球战术中飞身而出，用一个头球将比赛的悬念彻底终结，也将西班牙队送进决赛。

在巴萨队，普约尔作为队长，不仅是球队的功勋传奇，其"一人一城"的故事也非常动人。

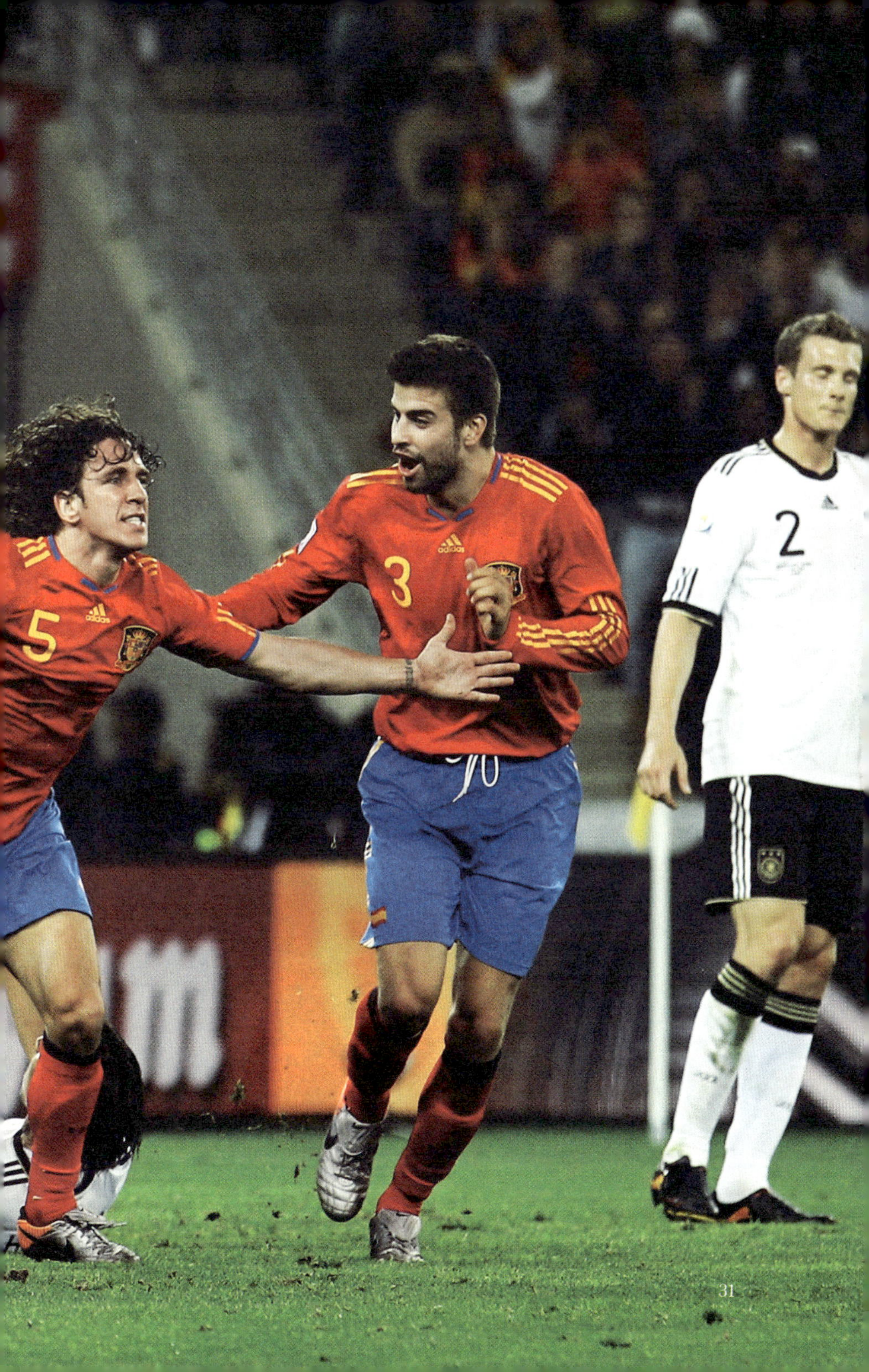

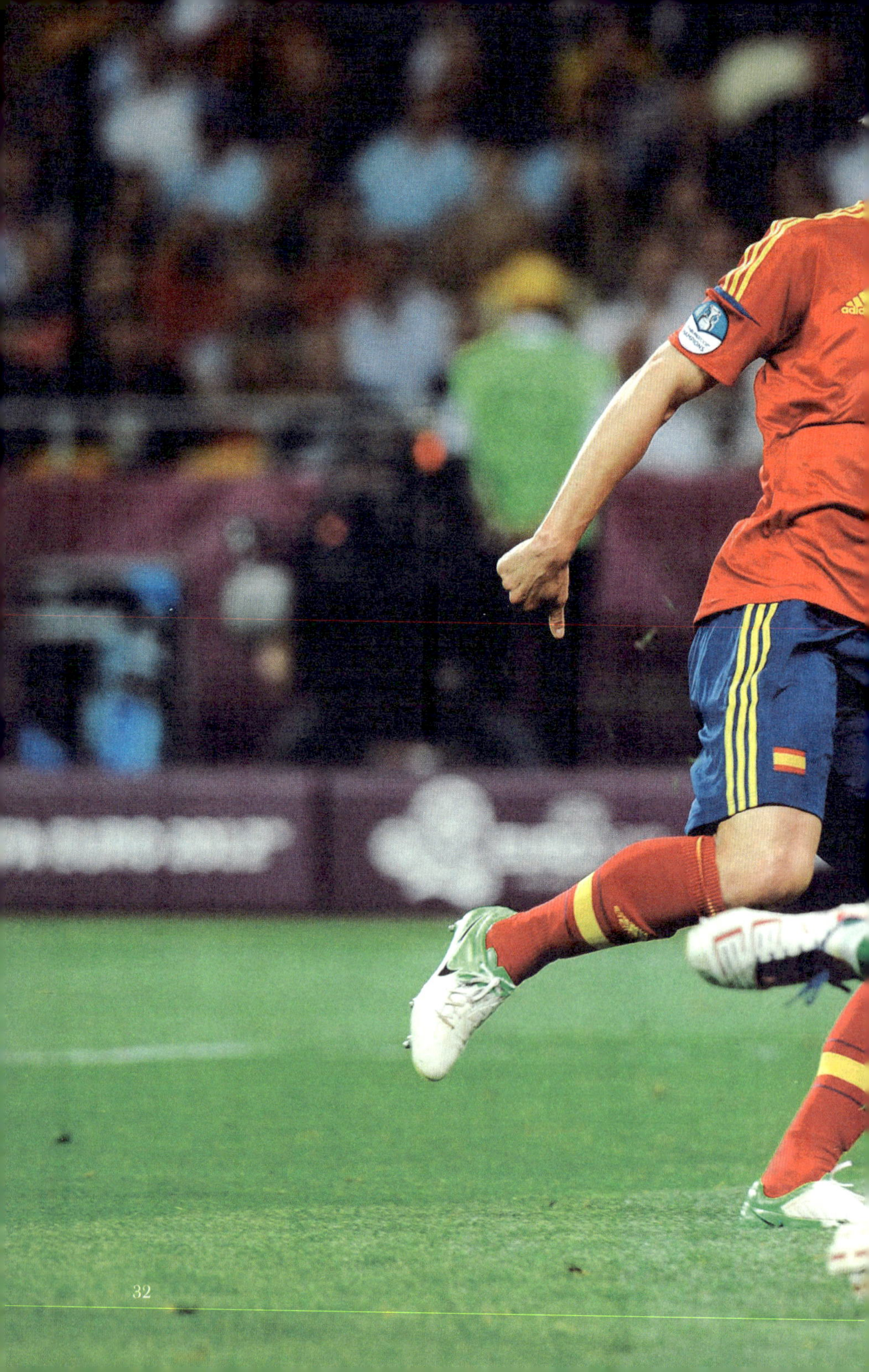

姓名：费尔南多·托雷斯

出生日期：1984年3月20日

主要球衣号码：12号、14号、9号

国家队数据：110场38球

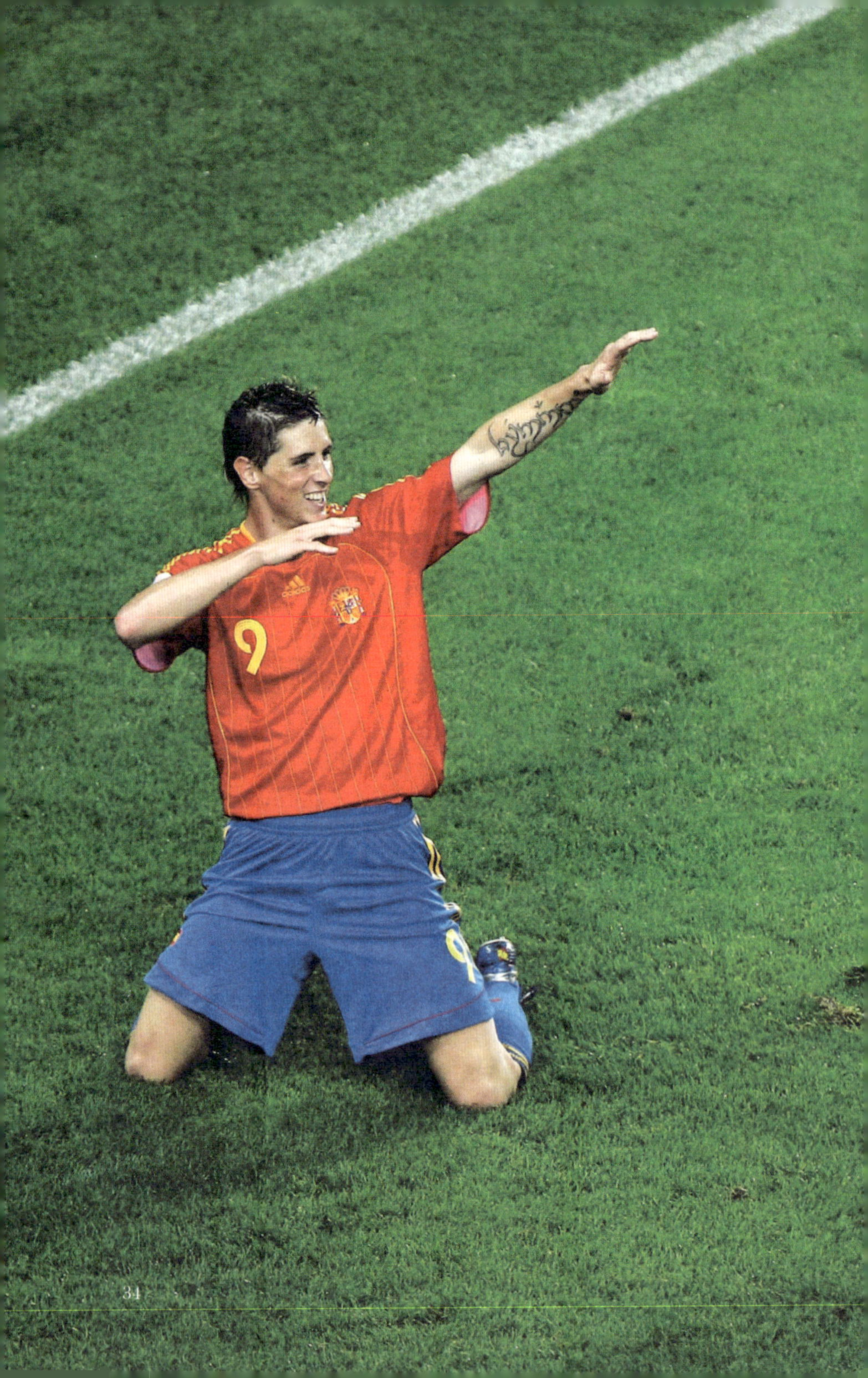

永远的"T9"

他是西班牙队球迷口中的"金童",也是很多球迷心中的"圣婴",但是人们更愿意称呼他为"T9";他在2008年欧洲杯决赛中一剑封喉,成为西班牙队夺得冠军的功臣;他为俱乐部的冠军而生,他是足球场内的人生赢家。他就是费尔南多·托雷斯。

作为一名前锋,托雷斯兼具速度和对抗能力,这让对手的后卫相当头疼,而托雷斯恰恰是凭借这一优势年少成名。2001年,托雷斯帮助西班牙U16队夺得欧洲U16足球锦标赛冠军,他在6场比赛中打进7球,包括决赛中的唯一进球,他也因此被评为赛事的最佳射手、最佳球员。

2002年,托雷斯帮助西班牙U19队夺得欧洲U19足球锦标赛冠军,他在4场比赛里打入4球,同样包括决赛中的唯一进球,再次成为赛事的最佳射手和最佳球员。随后,托雷斯在马德里竞技队崭露头角,在利物浦队大杀四方,就此获得了"金童"的称号。

2008年欧洲杯决赛,托雷斯接到队友的传球,凭借速度超越对方的防守球员,并且利用身体牢牢卡住身位;面对德国队门将延斯·莱曼的出击,托雷斯选择右脚挑射,球应声入网,西班牙队凭借这一球夺得欧洲杯冠军,也拉开了王朝时代的序幕。

这一球充分展现了托雷斯强大的个人能力。在整个职业生涯中,托雷斯或许有过低谷,但是在关键时刻,他总能挺身而出,比如在2012年欧洲杯决赛,替补登场的他打入1球、送出1次助攻,是西班牙队夺冠的最大功臣之一。

姓名：塞尔吉奥·拉莫斯

出生日期：1986年3月30日

主要球衣号码：19号、4号、15号

国家队数据：180场23球

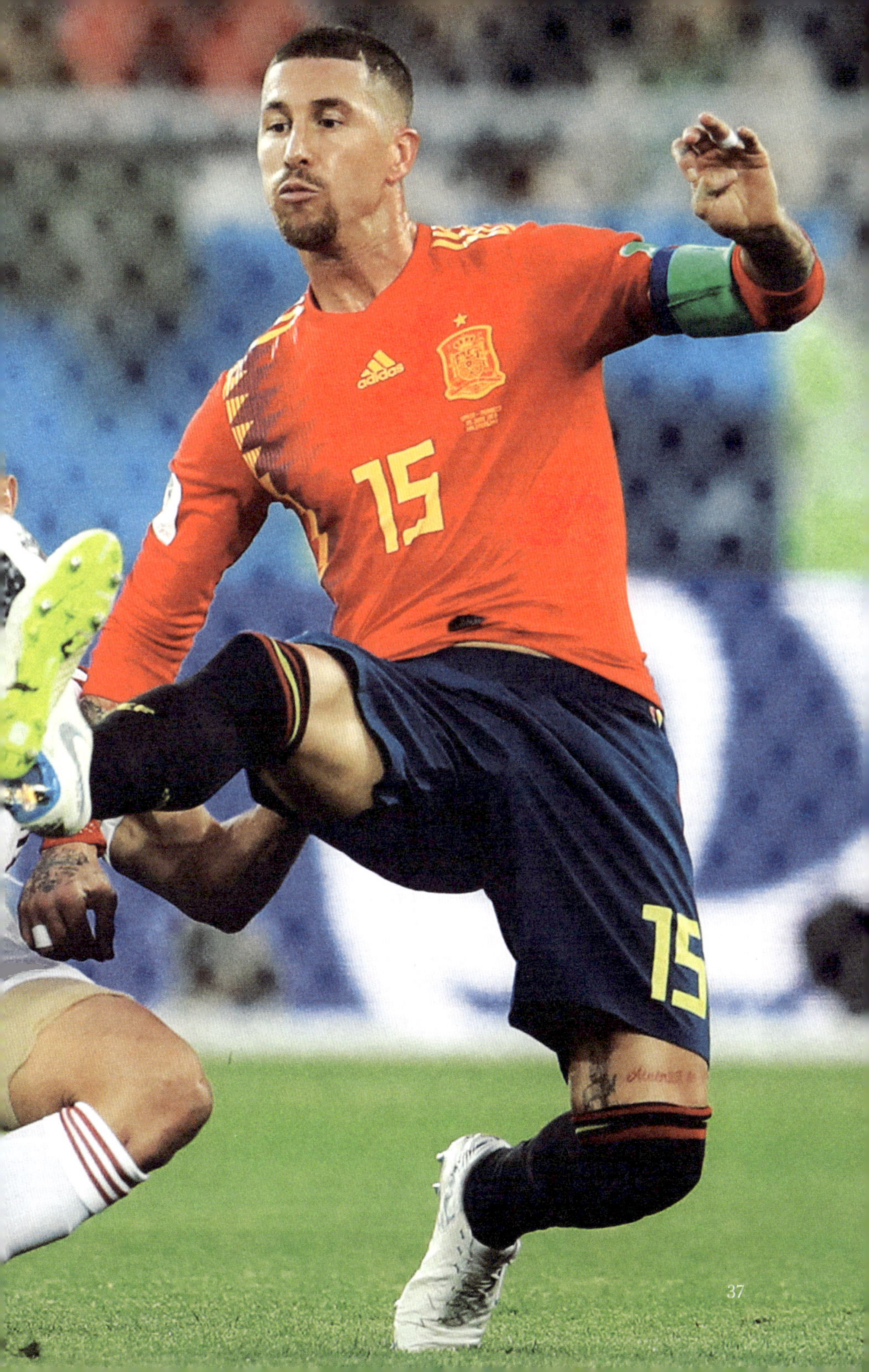
adidas
15
15

他常年享有"世界第一后卫"的美誉，因为无论是在中后卫的位置还是在边后卫的位置，他都能做到游刃有余，无愧于"后防多面手"的美名；他更是可以在进攻端屡次贡献关键进球，其头球功底不亚于专职中锋，因此被媒体评为"世界第一前锋"。他就是球迷心中的"水爷"——塞尔吉奥·拉莫斯。

从塞维利亚队出道的拉莫斯因其强大的身体素质，在后卫线上能够出任多个位置，不管是需要上下往返的边后卫，还是需要对抗对方中锋的中后卫，拉莫斯都能做得很好。这样的特点让他获得了皇马队的青睐，也让他在西班牙队度过了漫长的职业生涯。

2008年欧洲杯和2010年世界杯，拉莫斯都在右边后卫的位置上恪尽职守，帮助球队进攻的同时，还能为身旁的中卫提供协助。2012年欧洲杯，西班牙队在中卫位置出现空缺，拉莫斯和皮克搭档中卫，构筑了一面令对手无力攻破的铜墙铁壁，从而为西班牙队连夺三届国际大赛冠军立下了汗马功劳。

在此后的几年中，拉莫斯虽然没能阻止西班牙队的实力下滑，但他在俱乐部赛事中收获了慰藉。在皇马队，拉莫斯帮助球队4次夺得欧冠冠军，尤其是在2013—2014赛季的欧冠决赛上，正是拉莫斯的头球破门为落后的皇马队扳平了比分，才有了后续的逆转取胜。

对于进球，拉莫斯是很有经验的。他为皇马队出战671场比赛，打进101球；他为西班牙队出战180场比赛，打进23球。作为一名后卫球员，拉莫斯的表现让人惊叹。

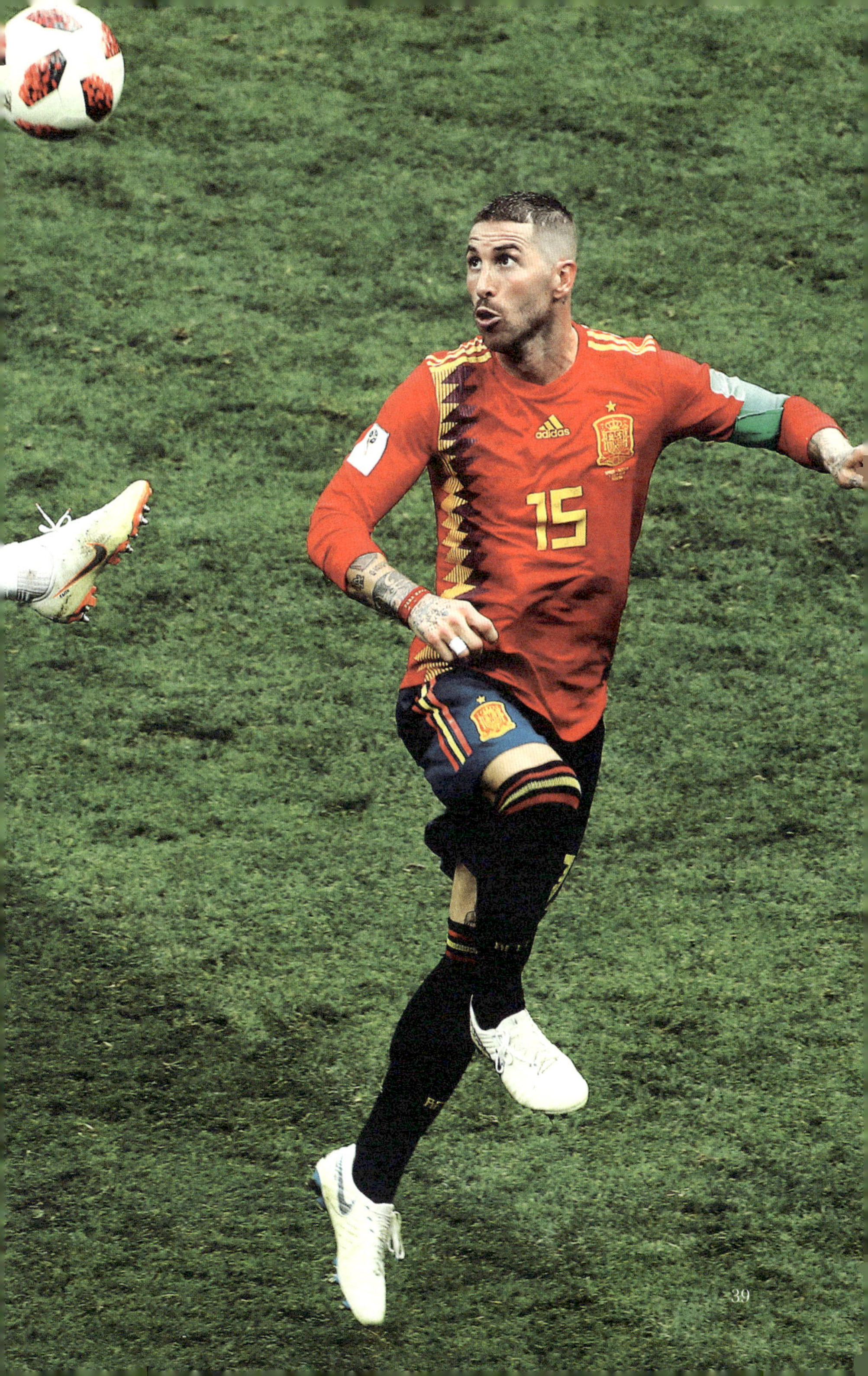

姓名：哈维·阿隆索

出生日期：1981年11月25日

主要球衣号码：8号、16号、14号

国家队数据：114场16球

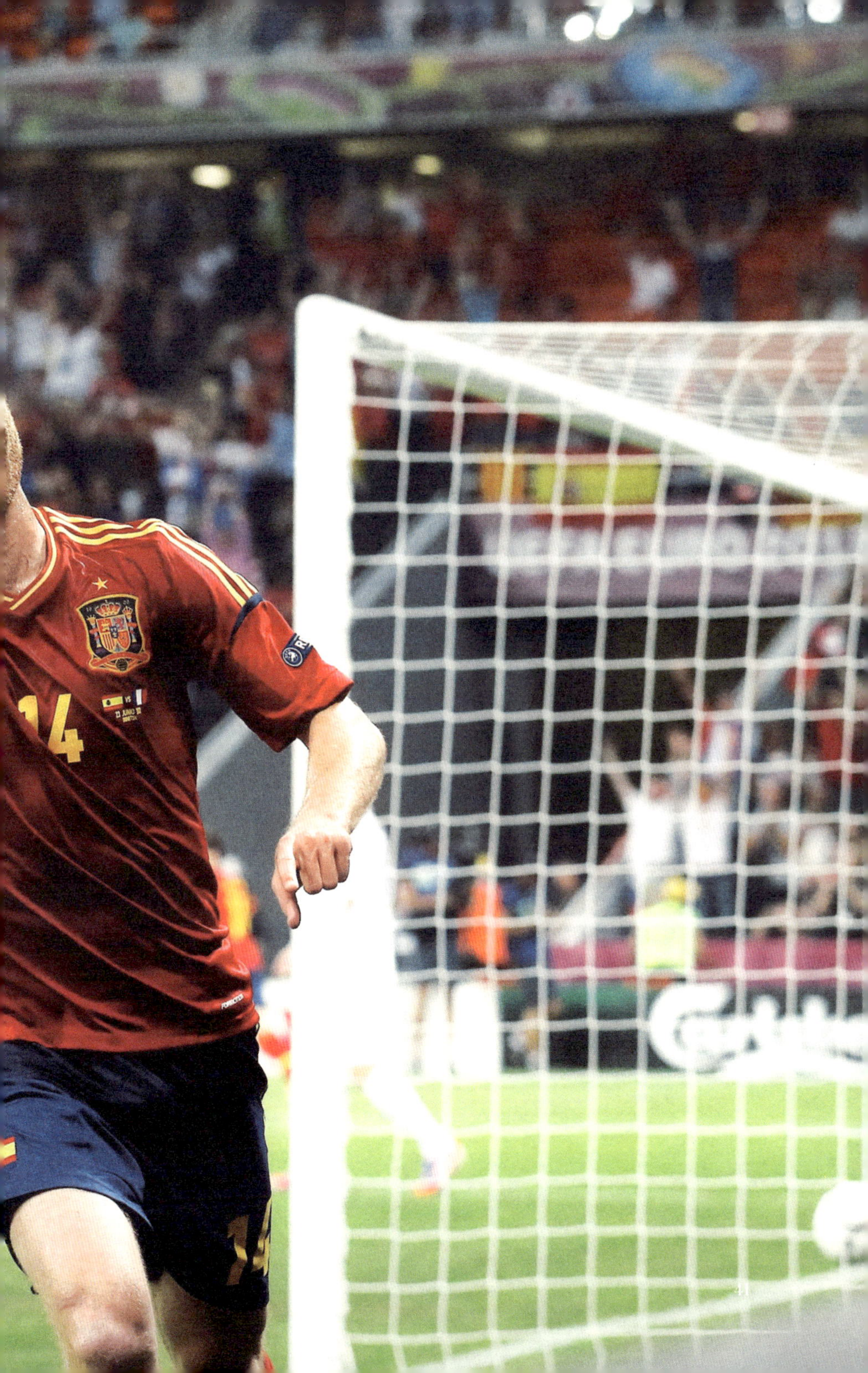
14

精确制导

他的传球，好像拥有魔法一般，指哪打哪、精确制导，总能让队友轻易获得破门的机会；他的组织，更是像计算机一样，每一步都非常精准，总能让球队的进攻处在最合理的范围之内。他就是哈维·阿隆索，如今是一名出色的教练员。

阿隆索的控球技术精湛，长传、远射都是其拿手好戏。不管是在西班牙队，还是在利物浦队、皇马队和拜仁慕尼黑队，阿隆索都能凭借自己的技术牢牢控制中场节奏。在将这种精湛的技术和成熟的心态结合在一起之后，阿隆索成为最让教练放心的球员之一。

整个球员生涯，哈维·阿隆索收获了数不尽的冠军，这样成功的经历也为其日后转型教练铺平了道路。2023—2024赛季的欧洲足球联赛，如果要找寻最出色的教练，阿隆索就是其中之一，他率领的勒沃库森队正在创造历史的路上。

有人说阿隆索踢球很有艺术风范，但阿隆索其实也是一名球场硬汉。2010年世界杯，在西班牙队对阵荷兰队的决赛中，阿隆索在第28分钟遭到荷兰队球员奈杰尔·德容的飞踹，这一脚直接导致他的肋骨骨裂。但即便如此，阿隆索仍然在场上坚持踢了近一个小时，之后才被替换下场，这种斗志让西班牙队球迷为之动容。

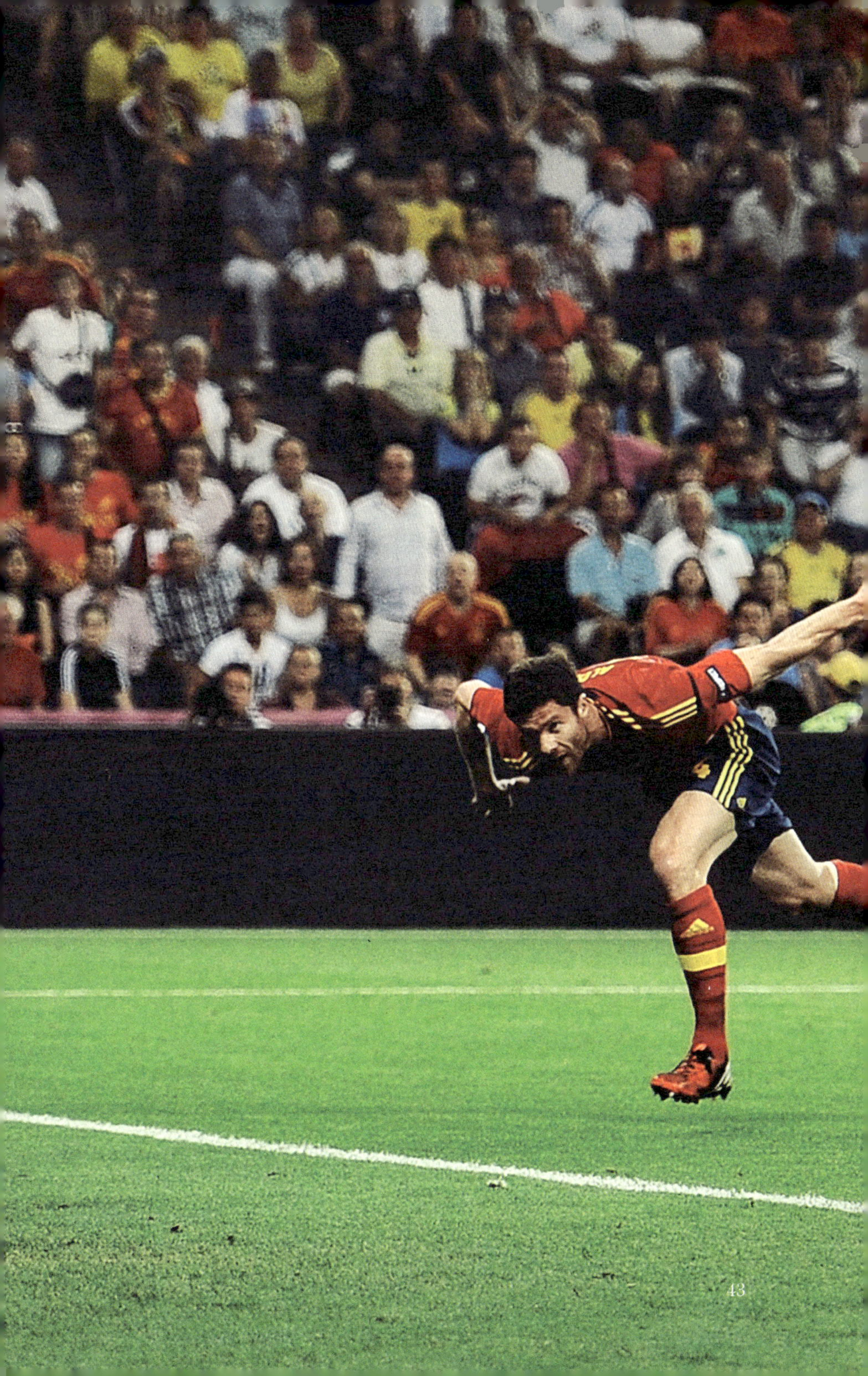

姓名：拉明·亚马尔

出生日期：2007年7月13日

主要球衣号码：15号、17号、19号

国家队数据：6场2球

天之骄子

不到17岁的亚马尔已经成为西班牙队的球员，他才华横溢，震惊世界，他日必将成为西班牙队的顶梁柱。2023年9月8日，2024年欧洲杯预选赛小组赛第5轮，亚马尔上演了他的国家队首秀并成功破门，以16岁零57天的年龄创造了西班牙队历史上最年轻的出场纪录及最年轻的进球纪录，成为全欧洲各支国家队近一个世纪以来最年轻的进球队员，帮助西班牙队在客场以7∶1大胜格鲁吉亚队。同年9月12日，亚马尔为西班牙队首发出场，成为西班牙队历史上最年轻的首发球员，并帮助西班牙队以6∶0大胜塞浦路斯队。

篇首语
激情斗牛士与美丽足球

2007年10月13日,路易斯·阿拉贡内斯执教的西班牙队正在征战2008年欧洲杯预选赛,面前的对手是丹麦队。

比赛进行到第14分钟时,劳尔·塔穆多就为西班牙队打进一球,但在客场比赛中,1∶0的比分显然是不够稳妥的,所以西班牙队依然需要努力。

在比赛进行到第40分钟时,西班牙队改写了历史。

经过9名球员的28次传球之后,右后卫塞尔吉奥·拉莫斯获得了和丹麦队门将一对一较量的机会,面对门将的出击,拉莫斯将球轻轻地挑过门将,收获了一个兼具美感和重要性的进球。

这个帮助西班牙队将比分优势扩大到两球的进球,耗时75秒。在这75秒中,没有一个丹麦队球员成功夺回球权。

西班牙队

丹麦队球员只是在徒劳地跑动，直至丢掉这关键的一球。

当时，这个进球的过程就被媒体大加赞扬，而在后来，这个进球被视为西班牙队执行"Tiki-Taka"战术后的第一个典型进球。

然而，在此之前，西班牙足球的历史却是如此贫乏。

与欧洲大陆上的意大利队、德国队等强队相比，西班牙队在早期历史中既没有冠军入账，也缺乏著名球星。

准确地说，没有什么出生在西班牙的著名球星。

直到20世纪50年代，西班牙队才拥有了阿尔弗雷多·迪斯蒂法诺这样的天才球员。然而，他却是出生在阿根廷的归化球员。

类似的情况还有费伦茨·普斯卡什和保利诺·阿尔坎特拉等人。

因为这些归化球员的存在，西班牙队在当时被称为"联合国队"，这个称呼充满了外界对这支球队的嘲笑和讽刺。

背负着这样的压力，西班牙队终于在1964年证明了自己。

在没有什么球星助阵的情况下，西班牙队凭借团队协作和主场优势，赢得了1964年欧洲国家杯（欧洲杯前身）冠军。

那一刻，西班牙足球的魅力第一次向世界展示，人们看到了这片土地上足球人的顽强和团结。

然而，在后来的很长时间里，西班牙队并没有能够延续这种辉煌。

在20世纪90年代末，西班牙队终于看到了希望。

随着费尔南多·耶罗、路易斯·恩里克等人的提携和帮助，劳尔·冈萨雷斯·布兰科、费尔南多·莫伦特斯和伊戈尔·卡西利亚斯等球员逐渐成为西班牙队球迷眼中的未来希望。

然而，西班牙队并没有找到将这些球员糅合在一起的办法，所以在21世纪初期，西班牙队的表现依然低迷。

连续的失败让西班牙队球迷心生沮丧，但西班牙足球人并没有彻底绝望。

2006年世界杯，西班牙队的失利像一把尖刀，深深地刺入了作为主教练的路易斯·阿拉贡内斯的内心。

痛楚之中，他决心反思，终于找到了那把能够融合西班牙队球员特点的神奇钥匙，那就是"Tiki-Taka"战术。

从那一刻起，西班牙队犹如踏上了崭新的征程，一路疾驰。

2008年欧洲杯，那些过去被视作缺点明显的中场球员：哈维、安德雷斯·伊涅斯塔、塞斯克·法布雷加斯、哈维·阿隆索等人，在阿拉贡内斯的巧妙战术布局下，汇聚成了一个坚不可摧的整体。

西班牙队

而在他们强大的中场控制力之下,大卫·比利亚、费尔南多·托雷斯如同两把锋利的剑,一次次为西班牙队披荆斩棘,战胜了一个又一个强大的对手,最终为西班牙队再次捧回了一座欧洲杯的冠军奖杯。

而和上一次截然不同的是,这一次西班牙队将让世界彻底记住自己。

2010年世界杯,西班牙队凭借比利亚的进球以及普约尔的头球,一路过关斩将,闯进了世界杯决赛,面对"四小天鹅"领衔的荷兰队,伊涅斯塔的绝杀球让西班牙队的世界杯冠军之梦成为现实,"斗牛士军团"历史首次问鼎世界杯。

2012年欧洲杯,西班牙队再创辉煌,尽管没有了优秀的前锋,但法布雷加斯的转型恰到好处,让西班牙队完成了六年夺得三届国际大赛冠军的奇迹,创建了属于西班牙队自己的"王朝"。

可惜的是,这个世界没有不散的筵席,也没有永远常胜的将军,随着优秀球员的隐退,西班牙队也走下了神坛,开始了新一轮的重建。

这一过程中阵痛不断,但希望也在前方。

成立八十余载,西班牙队曾长久地隐匿于欧洲足坛的阴影之中,默默无闻,不被视为真正的强队。

然而，从2008年的那个辉煌时刻起，西班牙队连续夺得三届国际大赛冠军的壮举，让世界足坛为之震撼。

这支曾被质疑的球队，终于赢得了人们的理解和认可，最终演变成了众人崇拜与模仿的对象。这支球队仿佛在一夜之间，从百米深渊一跃而起，攀登至荣光之巅。

然而，世间万事，盛极必衰。

西班牙队在创建"王朝"之后，逐步走向了下坡路。

球队历经了痛彻心扉的失败，或许才开始明白一个深刻的道理：那华丽流畅的"Tiki-Taka"战术风格，并不能独自带来比赛的胜利和观众的喝彩。它需要的是一批批才华横溢的球员，与之完美融合，相互辉映，才能创造出那令人陶醉的精彩瞬间。

战术与球员，二者缺一不可，如同琴瑟和鸣，方能奏出天籁之音。

和很多欧洲国家队辉煌而漫长的历史不同，西班牙队的辉煌时刻就发生在相距很近的十多年前，这让西班牙队拥有了数量庞大的球迷群体。

这些球迷见证了西班牙队历史上最为高光的时刻，所以也对未来的西班牙队提出了很高的要求，这些要求会让现在的西班牙队感受到压力，但这也是鞭策西班牙队前进的动力。

西班牙队

  那些美丽的配合、精彩的进球和具有统治力的比赛,至今都是西班牙队球迷美好的青春回忆。

第一章

初生牛犊：充满波折

对于刚刚诞生的西班牙队来说，1920年奥运会的足球赛事是一次非常美好的体验，但西班牙队要在很多年后，才能再次取得类似的成功。

——引语

西班牙队

◆ 萌芽成长期

和大多数欧洲国家的足球起源一样，西班牙足球的种子也是经由来到西班牙工作的英国工人和前往英国学习的西班牙留学生带来的。

1870年，英国工人就开始在西班牙的港口城市相约踢球。到了1889年，在安达卢西亚大区的韦尔瓦市，英国力拓集团的员工成立了韦尔瓦俱乐部，这便是西班牙足球史上的第一家俱乐部。

不过，和足球运动在其他国家曾有过的"排外主义"不同，韦尔瓦俱乐部成立时就有了西班牙人参与其中，虽然只有区区两人。

随着时间的推移，足球运动在西班牙全国范围内蓬勃发展了起来，俱乐部越来越多，俱乐部之间的比赛也越来越频繁，在当时的有识之士的推动下，西班牙皇家足球协会（简称"西班牙足协"）在1913年9月29日正式成立。

不过，在此之前，西班牙足坛也曾有过"山头林立"的现象，其中一个足球管理机构——西班牙皇家足球俱乐部联盟为了获得皇室和政府的认可，在1913年5月25日举办了西班牙队的第一场友谊赛。

在西班牙北部临近法国的富恩特拉维亚，西班牙皇家足球俱乐部联盟选拔出了一支由西班牙球员组成的球队,与法国队在阿穆特体育场举行了一场友谊赛。

根据当时的媒体报道,这场比赛吸引了5000名球迷前来观赛,而在这5000名球迷的注视下,这支队伍以1∶1的比分与法国队战平。

但是由于西班牙皇家足球俱乐部联盟这个足球管理机构不久后就宣布解散,所以国际足球联合会(简称"国际足联")并不承认这场比赛的正式性。

于是,西班牙队被国际足联承认的第一场正式比赛,在七年之后才姗姗来迟。

第一次世界大战结束之后,西班牙足协决定选拔一支球队来参加1920年安特卫普奥林匹克运动会(简称"奥运会")的足球赛事。

1920年8月28日,西班牙队在奥运会上正式亮相,而对手是1912年斯德哥尔摩奥运会上足球项目的亚军得主——丹麦队。虽然西班牙队刚刚"诞生",对手还十分强大,但这支队伍初生牛犊不怕虎,凭借帕特里西奥·阿拉布拉萨的进球,西班牙队以1∶0的比分赢得了这场比赛的胜利。

这场比赛使得西班牙队成为第28支参加正式足球比赛的国家队。但很显然,西班牙队已经输在了起跑线上。

不过,在这届奥运会上,西班牙队的成绩不错。

西班牙队

击败丹麦队之后，西班牙队以1∶3的比分输给了作为东道主的比利时队，但因为捷克斯洛伐克队在决赛中宣布退赛，所以西班牙队与其他几支欧洲球队在当时的奇怪赛制下，重新展开对银牌和铜牌的竞争。

在之后的比赛里，西班牙队相继战胜了瑞典队、意大利队和荷兰队，最后夺得了1920年安特卫普奥运会足球比赛的银牌。

对于刚刚诞生的西班牙队来说，1920年奥运会的足球赛事是一次非常美好的体验，但西班牙队要在很多年后，才能再次取得类似的成功。

1924年巴黎奥运会，西班牙队在第一轮即被意大利队淘汰。

1928年阿姆斯特丹奥运会上，西班牙队终于闯过了第一轮，但在第二轮又遇到了意大利队。在一场比分为1∶1的平局后，西班牙队在重赛中以1∶7的比分被意大利队血洗，再次被淘汰出局。

1930年，国际足联创建的世界杯赛事拉开大幕，但西班牙足协认为第一届世界杯不在欧洲举办，或者说不在英国举办，就是一个彻头彻尾的错误，因此西班牙队拒绝了国际足联的邀请，尽管西班牙足协当时给出的理由是前往南美洲的航程费时费力。

到了1934年，第二届世界杯在意大利举办，西班牙队便决定参赛了。

预选赛阶段，西班牙队的对手是伊比利亚半岛上的邻居——葡萄牙队。在两个回合的比赛中，西班牙队打进了11球，从而以11∶1的总比分战胜了葡萄牙队,第一次得到了参加世界杯正赛的资格。

作为世界杯的"新军",西班牙队再次吃到了"新人福利"。首场比赛中,西班牙队就以3∶1的比分战胜了南美劲旅巴西队,闯入了八强的行列。

然而在1/4决赛时,西班牙队再次遇到意大利队。和1928年阿姆斯特丹奥运会上的剧情十分相似,西班牙队和意大利队先以1∶1的比分战平,随后在重赛中,意大利队取得了比赛的胜利。

◆ 挫折中前行

虽然起步较晚,但西班牙队第一次在奥运会和世界杯中的表现都很不错,这本该是推动西班牙队发展的绝佳基础,然而,战争打断了西班牙队前进的步伐。

和大部分被第二次世界大战摧残的欧洲国家不同的是,西班牙还多经历了一次西班牙内战,所以在1950年之前,西班牙队没有参加任何国际赛事。

在这十多年间,足球彻底被西班牙人抛到了脑后。

等到第二次世界大战结束后,西班牙队才重新回归到国际赛事

西班牙队

的舞台。在1950年世界杯预选赛中，西班牙队以7∶3的总比分击败葡萄牙队，再次证明了自己才是伊比利亚半岛上的"老大"。

而在1950年世界杯正赛中，西班牙队的表现也很不错。

小组赛阶段，西班牙队和英格兰队、智利队、美国队被分在一组。在这个拥有英格兰队的小组中，西班牙队却成为主角。

三场比赛，西班牙队取得全胜的成绩，尤其是在第三场比赛对阵英格兰队时，特尔莫·萨拉的进球让西班牙队以1∶0的比分战胜英格兰队，从而获得了小组的第一名，成为唯一晋级下一轮的球队。

1950年世界杯的赛制同样奇特。小组赛结束之后，四个小组的第一名将再次以小组赛单循环的方式进行比赛，其中积分最高的球队将获得最终的冠军。

到了这个阶段，西班牙队实力不足的短板就暴露了出来。

在与巴西队、瑞典队的比赛中，西班牙队都以大比分输给了对手，仅以2∶2的比分战平了乌拉圭队。最终在这一阶段，西班牙队以1平2负的战绩排在倒数第一名。不过，这一阶段的倒数第一名在整届赛事中则是第四名。

按照常理来说，这样的表现说明西班牙队完全有可能继续创造好成绩，然而，在1954年世界杯预选赛上，西班牙队在主场以4∶1

的比分大胜土耳其队后,却在随后的客场比赛中以0∶1的比分输给了对手。

按照现代的足球规则,在两支球队各取一胜的情况下,则比较总比分,而西班牙队大幅领先于土耳其队,已经可以获得晋级名额。但在1954年尚没有这样的规则,所以两支球队在意大利罗马的中立场地再次进行了一场重赛,这场重赛的结果是双方2∶2打平。

这个时候,或许可以说是足球历史上最奇特的决出胜负的方式出现了:一个叫作路易吉·佛朗哥·杰玛的14岁意大利男孩,蒙着眼睛抽出了印有土耳其队名字的纸条,西班牙队就此无缘1954年世界杯正赛。

西班牙队以这种方式无缘世界杯,实在是过于荒诞,相较于此,球队在1958年世界杯预选赛中的出局方式,还是相对能让人勉强接受。

1958年世界杯预选赛,西班牙队与苏格兰队、瑞士队被分在一组。4场比赛后,西班牙队取得2胜1平1负,战绩不如表现更好的苏格兰队,再次无缘世界杯正赛。

这个结果当然令人心痛,但过程至少能让西班牙足协洗心革面,从头再来。于是在1960年,当第一届欧洲国家杯被部分欧洲国

西班牙队

家抵制的时候，西班牙队决定参赛。

预选赛阶段，西班牙队在两回合的较量中，以7∶2的总比分击败了波兰队，但在下一阶段比赛中，当西班牙队的对手是苏联队时，麻烦出现了。

当时的西班牙由独裁者弗朗西斯科·佛朗哥统治，其政治理念恰恰与苏联的共产主义大相径庭，于是西班牙政府拒绝让西班牙队前往苏联，也不允许苏联队来到马德里。在中立场地进行单回合比赛的提议被苏联队拒绝后，西班牙队被认定为弃权，就此结束了1960年欧洲国家杯的征程。

很显然，西班牙队的前40年足球历史充满了波折。西班牙足球起步就晚，又被两场战争打断了发展的脚步，接着被意大利男孩的"神奇"之手挡在1954年世界杯的门外，再加上由于政治原因而无法继续参加1960年欧洲杯预选赛，这一系列的变故让西班牙队在日后的发展都变得难上加难。

否则，在1920年奥运会和1934年世界杯上表现都很出色的西班牙队，本可以更早地成为欧洲大陆上的强队。

如今，西班牙队只能选择尽力迎头赶上。

第二章

第一个顶峰：欧洲之巅

在经历了长时间的波折之后，西班牙队终于在20世纪60年代恢复了正常。

——引语

西班牙队

◆ 奋起直追的斗牛士

虽然没能参加1960年欧洲杯，但在对阵波兰队的预选赛上，西班牙队已经展现出其强大的实力。

这份实力，建立在优秀的球员的基础之上。

对阵波兰队时打入的7球里，迪斯蒂法诺打进3球，路易斯·苏亚雷斯打进2球，帕科·亨托也有1球入账。

这三名球员分别效力于西班牙足球甲级联赛（简称"西甲"）中最著名的两支球队——皇马队和巴萨队，而效力于皇马队的迪斯蒂法诺和亨托在当时更为成功。从1955—1956赛季到1959—1960赛季，皇马队连续五个赛季获得欧洲冠军俱乐部杯的冠军。

这项赛事是欧冠的前身，而这项赛事的冠军也是欧洲俱乐部赛事的最高荣誉。

在这5场决赛中，迪斯蒂法诺都收获了进球，因其超高的进球效率，迪斯蒂法诺获得了"金箭头"的绰号。

然而，迪斯蒂法诺并非土生土长的西班牙人。

1926年7月4日，迪斯蒂法诺出生在阿根廷的布宜诺斯艾利斯，

第二章　第一个顶峰：欧洲之巅

1953年他来到皇马队，3年之后的1956年10月，迪斯蒂法诺成为西班牙公民。

在当时，归化球员非常稀奇，而且迪斯蒂法诺此前已经效力过阿根廷队和哥伦比亚队，所以国际足联一开始拒绝了西班牙足协请求让迪斯蒂法诺为西班牙队效力的申请，但在西班牙政府的施压下，国际足联选择了网开一面。

1957年1月30日，迪斯蒂法诺在西班牙队对阵荷兰队的友谊赛中首次代表西班牙队出场，而且在首秀比赛中就有着绝佳发挥。在这场西班牙队以5∶1的比分取胜的比赛中，迪斯蒂法诺上演了帽子戏法。

有了这样的超级球星，西班牙队何愁无法重归国际大赛。

于是，在冲击1958年世界杯和1960年欧洲国家杯未果之后，西班牙队在1962年世界杯预选赛上重整旗鼓。

在对阵威尔士队的两回合比赛中，西班牙队以总比分3∶2胜出。战胜威尔士队之后，西班牙队还需要参加一轮附加赛，面对隶属于非洲足联的摩洛哥队，西班牙队继续保持强势的表现，在两个回合中都取得了胜利，以4∶2的总比分击败摩洛哥队，终于回到了世界杯正赛。

在这个过程中，迪斯蒂法诺也做出了不可磨灭的贡献。西班牙

西班牙队

队之所以能够在客场以2∶1的比分战胜威尔士队，正是归功于迪斯蒂法诺打进的逆转比分的第二球，而在对阵摩洛哥队的次回合比赛里，迪斯蒂法诺也打进一球。

可惜的是，在1962年世界杯开幕前，迪斯蒂法诺的肌肉受伤，并且无法在短期内伤愈复出，但西班牙队还是带上了迪斯蒂法诺参赛。

西班牙队的想法是，争取在迪斯蒂法诺养伤的这段时间内完成小组出线的任务，从而在淘汰赛开始时迎来迪斯蒂法诺的复出。

然而，没有了迪斯蒂法诺，西班牙队在小组赛阶段也变得步履维艰。

1962年世界杯，西班牙队和巴西队、捷克斯洛伐克队、墨西哥队被分在一组。首场比赛，西班牙队便以0∶1的比分输给了捷克斯洛伐克队。第二场比赛，虽然西班牙队以1∶0的比分战胜了墨西哥队，但华金·佩罗在比赛进行到第90分钟时才收获进球，西班牙队的胜利显得来之不易。

在这种情况下对阵巴西队，西班牙队注定凶多吉少，但西班牙队在比赛中居然率先破门。阿德拉尔多·罗德里格斯在比赛进行到第35分钟时帮助西班牙队首开纪录。然而，到了下半场，巴西队还是展现出自身的强大实力，这是西班牙队无法承受的，阿马里尔

第二章 第一个顶峰：欧洲之巅

多·塔瓦雷斯梅开二度，巴西队以2∶1的比分逆转取胜。

最终，西班牙队仅取得1胜2负的战绩，排名小组倒数第一。在迪斯蒂法诺还没有伤愈的时候，球队就已经踏上了回国的旅程。

对于西班牙队来说，1962年世界杯带来的感受很复杂。

时隔十二年重回世界杯，就算战绩不佳，这也是一个明显的进步，但是，即便迪斯蒂法诺因伤缺席，西班牙队也不该表现得如此孱弱。因为除了亨托、苏亚雷斯这样的球星之外，西班牙队还有费伦茨·普斯卡什、尤洛吉奥·马丁内斯这样的归化球员。

因为这些归化球员的存在，西班牙队当时被戏称为"联合国队"。这些球员在俱乐部赛事中都获得了巨大的成功，却无法将这一切在西班牙队重现，这让人非常失望。

1962年世界杯结束之后，已经36岁的迪斯蒂法诺退出了西班牙队，在西班牙即将举办1964年欧洲国家杯之际，这对于西班牙队而言，是一个沉重的打击。

不过，就像在1962年世界杯时一样，没有了迪斯蒂法诺，西班牙队还有其他优秀的球员，这份竞争力是应该展现出来的。

在1964年欧洲国家杯上，西班牙队做到了这一点。

预选赛阶段，西班牙队相继以总比分7∶3、2∶1和7∶1战胜了罗马尼亚队、北爱尔兰队和爱尔兰队，得以参加在本土举办的正赛。

西班牙队

◆ 第一次国际大赛冠军

1964年夏天,欧洲国家杯正赛在马德里的伯纳乌球场和巴塞罗那的诺坎普球场举行,这两座球场也分别是皇马队和巴萨队这两支西班牙最重要的球队的主场。

半决赛,西班牙队的对手是匈牙利队。这场比赛,西班牙队打得非常艰难,尽管查斯·佩雷达在比赛进行到第35分钟时就帮助西班牙队首开纪录,但在比赛即将结束时,匈牙利队顽强地扳平了比分。

两支球队在加时赛中继续较量,在加时赛即将结束之前,阿曼西奥·阿马罗·瓦雷拉为西班牙队打进了极其关键的第二球,帮助西班牙队闯进了决赛。

进入决赛,无疑是西班牙队的里程碑,这是西班牙队自成立以来,第一次有机会争夺国际大赛的冠军奖杯。因此,西班牙足协在赛前非常紧张。

紧张的原因是,西班牙队在决赛的对手恰好是苏联队。

4年前,正是由于佛朗哥的干预,西班牙队未能晋级1960年欧洲国家杯正赛；4年之后，政治上的分歧已经被忘掉，这一次，足球站到了舞台中央。在冠军奖杯就在咫尺之遥的情况下，佛朗哥允许了这场比赛正常举行。1964年6月21日，79115名观众涌入伯纳乌球场，其中就有佛朗哥本人，西班牙队球迷都在等待着西班牙队创造全新的历史。

在这种压力之下，西班牙队表现得相当出色，在比赛仅仅进行到第6分钟时，查斯·佩雷达就帮助西班牙队首开纪录。但西班牙队仅高兴了两分钟，苏联队就扳平了比分，让两队重新回到了同一起跑线。

此后的比赛进行得非常胶着。虽然西班牙队有着主场优势，但作为1960年欧洲国家杯冠军的苏联队表现也十分稳健。直至比赛进行到第84分钟时，比分终于被再次改写，马塞利诺·马丁内斯·卡奥打进了西班牙队的第二球，最终帮助西班牙队以2∶1的比分赢得了这场比赛，也让西班牙队夺得了历史上第一座国际大赛冠军奖杯。

这才是拥有众多优秀球员的西班牙队应该具备的实力。

苏亚雷斯曾在日后回忆道："我效力过的其他几届西班牙队的实力甚至强于1964年的那届，但我们从未获得过任何成就，1964年的西班牙队是一支真正的国家队，比那些由几名一流球员简单拼凑

西班牙队

出来的球队更称得上是一支国家队。"

1964年欧洲国家杯结束之后，6名西班牙队球员被选入赛事最佳阵容，其中就包括苏亚雷斯和打进两球的查斯·佩雷达。

然而，1964年，苏亚雷斯已经29岁了，查斯·佩雷达也在决赛的两天前度过了28岁生日。至于没有参加比赛的亨托，即将年满31岁。

所以，这时的西班牙队是一支冠军球队，但也是一支核心球员纷纷进入职业生涯暮年的球队，如果没有新的优秀年轻球员加入，西班牙队的表现很快就会下滑。

1966年世界杯就是一个很好的例子。

1966年世界杯预选赛，西班牙队和爱尔兰队、叙利亚队被分在一组。

这届预选赛中，叙利亚队和以色列队这两支亚洲区球队由于地理位置的原因，被分配到欧洲区预选赛。然而，国际足联决定只分配一个席位给亚洲区和非洲区之间的获胜者，因此非洲足联的十五支球队全部退出，以示抗议，叙利亚队也加入了抵制的行列，于是在预选赛阶段，西班牙队的对手便只有爱尔兰队。

作为1964年欧洲国家杯冠军，西班牙队在客场以0∶1不敌爱尔兰队，但回到主场后，西班牙队以4∶1的比分大胜爱尔兰队。和

1954年世界杯预选赛一样，净胜球规则在当时还没有被国际足联采用，所以西班牙队和爱尔兰队在法国巴黎的中立球场举行了一场重赛，西班牙队以1∶0的比分取得比赛的胜利，获得了参加1966年世界杯正赛的资格。

西班牙队在预选赛阶段就打得磕磕绊绊，进入正赛又能如何？

这个问题在1966年世界杯的小组赛阶段就得到了答案。在3场比赛中，西班牙队以1∶2的比分分别输给了阿根廷队和联邦德国队，仅以2∶1的比分战胜了瑞士队。

最终，1胜2负的战绩让西班牙队仅仅排名小组第三，早早地结束了1966年世界杯的征程。

在经历了长时间的波折之后，西班牙队终于在20世纪60年代恢复了正常。

凭借一批优秀的球员，西班牙队重新回到了世界杯赛场，也夺得了1964年欧洲国家杯冠军，尽管这背后少不了出生于其他国家的归化球员的帮助，但相较于继续沉沦下去，通过这条捷径重振西班牙队，也不失为一种方法。

问题在于，就在西班牙队夺得1964年欧洲国家杯冠军之际，这群优秀的球员已经渐渐老去，西班牙队面临着新老交替的压力。唯有顺利实现新老球员的更迭，才能将冠军的荣耀传承下去。

西班牙队

然而，相较于足球的困境，更棘手的事情在前方困扰着这个国家。

第三章

漫长低谷期：如何复苏

对于西班牙队来说，进入1984年欧洲杯决赛就是莫大的成功，至于夺冠，难度堪比登天。

——引语

西班牙队

◆ 巅峰之后，走入低谷

1966年末，从世界杯上铩羽而归的西班牙队开始了1968年欧洲杯（1968年，欧洲国家杯更名为欧洲足球锦标赛）预选赛的征程。

作为上一届冠军，西班牙队当然有着更为远大的梦想，然而1966年世界杯上的表现已经证明了，西班牙队的实力不足以实现自己的梦想。

在1968年欧洲杯预选赛中，西班牙队和捷克斯洛伐克队、爱尔兰队、土耳其队被分在一组。西班牙队在6场比赛里取得3胜2平1负的平庸战绩，仅仅比排在小组第二名的捷克斯洛伐克队多了一分，但也完成了从小组中晋级的任务。

此后，西班牙队在下一阶段遭遇了英格兰队。两个回合的比赛中，西班牙队都输给了对手，唯一的收获就是在主场比赛时，阿曼西奥·阿马罗·瓦雷拉为西班牙队打入了唯一的进球。

最终，西班牙队以1∶3的总比分被淘汰出局。在1964年欧洲国家杯决赛中输给西班牙队的苏联队照旧出现在了1968年欧洲杯正赛中，而上一届冠军却缺席了。

到了1970年世界杯，西班牙队的颓势还在继续。

1970年世界杯预选赛阶段,西班牙队和比利时队、南斯拉夫队、芬兰队被分在一组。在前三场比赛中,西班牙队一场未胜,直至第四场比赛对阵南斯拉夫队时,西班牙队才以2∶1的比分取得了预选赛阶段的第一场胜利。

很显然,这场胜利已经来得太晚了。

剩下的两场比赛,西班牙队只取得了1胜1负的战绩,最终仅仅排名小组第三,从而连续两年缺席欧洲杯和世界杯的正赛。

很显然,这是西班牙队的又一个低谷时期。

1970年世界杯预选赛结束之后,36岁的亨托踢完了其在西班牙队的最后一场比赛。优秀的球员已老,年轻的球员却并不优秀,这一并不复杂的现状足以解释西班牙队成绩下滑的原因。然而,在20世纪60年代末,西班牙足球也只是西班牙社会的一个组成部分,不免要受到社会环境的影响。

在20世纪60年代末,年迈的佛朗哥决定指定一位王室成员来作为其接班人,但在西班牙国内,存在着不同派系之间的政治斗争,这种紧张的关系让整个西班牙社会都无比动荡。1969年,佛朗哥正式指定胡安·卡洛斯一世为他的接班人,但反对派并未就此罢休。

那个时候,政治才是西班牙社会的第一话题,而足球并不是。

国内的政治动荡影响着社会的方方面面,足球只是其中的一个

西班牙队

方面而已。

于是，在1972年欧洲杯上，西班牙队继续着自己的低迷表现。预选赛阶段，西班牙队和苏联队、北爱尔兰队、塞浦路斯队被分在一组。

在6场比赛中，西班牙队仅在与塞浦路斯队的两回合比赛中拿到了全胜；在主场对阵北爱尔兰队的比赛中，以3∶0的比分战胜了对手。

值得注意的是，在主场对阵北爱尔兰队的这场比赛中，为西班牙队打进第三球的球员叫作路易斯·阿拉贡内斯。在数十年后的未来，这位在球员时代并未能帮助西班牙队创造佳绩的球员，将会以另一种身份带领西班牙队书写全新的历史——和西班牙队在1972年欧洲杯中的表现，截然相反。

除了对阵塞浦路斯队的两场比赛以及在主场对阵北爱尔兰队的比赛，西班牙队在余下的三场比赛中，均未能取得胜利。

这样的成绩让西班牙队只能屈居小组第二名，而排在西班牙队前面的，还是熟悉的老对手——苏联队。

对于西班牙队这样的表现，作为主教练的罗兹洛·库巴拉也不满意。球员时代，库巴拉被认为是西班牙足球历史上最优秀的球员之一，又因其在巴萨队效力十年，为巴萨队带来无数的胜利和冠军，也被认为是巴萨队的英雄。

不过,和普斯卡什一样,库巴拉也出生在匈牙利,之后才获得了西班牙国籍。

◆ 重回正轨,一线希望

1969年,库巴拉开始担任西班牙队主帅。

连续无缘国际大赛,让库巴拉的压力也变得越来越大。万幸的是,当时的西班牙社会无暇关心足球的发展,这让库巴拉在球队战绩不佳的情况下,还能拥有充裕的时间来打造球队。

到了1974年世界杯,西班牙队终于看到了一丝希望。

在1974年世界杯预选赛中,西班牙队和南斯拉夫队、希腊队被分在一组。西班牙队和南斯拉夫队都在主、客场战胜了希腊队,而在彼此之间的较量中,西班牙队和南斯拉夫队都战成了平局。

所以,西班牙队和南斯拉夫队都是2胜2平的战绩,净胜球也都为3个,于是两支球队在中立场地进行了一场附加赛来决出胜负。

最终,凭借约瑟普·卡塔林斯基在比赛进行到第13分钟的进球,南斯拉夫队在附加赛中以1∶0的比分战胜了西班牙队。

从结果上来看,西班牙队再次无缘世界杯正赛,但从过程上来说,

西班牙队

西班牙队已经有了明显的进步，至少能与对手竞争到最后一刻了。

这一进步，在1976年欧洲杯预选赛上变得更为明显。

这一次，西班牙队终于在与罗马尼亚队、苏格兰队和丹麦队的竞争中获得了小组第一名的成绩，6场比赛3胜3平的战绩也相当稳健。在下一阶段对阵联邦德国队时，尽管西班牙队一度在主场以1∶1的比分与对手战平，但在次回合中，西班牙队还是以0∶2的比分不敌联邦德国队，没能进入1976年欧洲杯正赛。

连续两届国际大赛，西班牙队都没能改写最终的命运，但在过程中，西班牙队已经展现出了自身的进步。西班牙队距离走出阴霾，只差最后的临门一脚了。

于是，在1978年世界杯上，历经苦难的西班牙队终于重归大赛。

在1978年世界杯预选赛中，西班牙队和罗马尼亚队、南斯拉夫队被分在一组。虽然西班牙在第二场比赛中输给了罗马尼亚队，但剩余的三场比赛，西班牙队都获得了全胜的战绩，最后以3胜1负的表现获得了小组第一名，回到了世界杯正赛的舞台上。

经过近十年的坚持，库巴拉终于帮助西班牙队达成了重归世界杯正赛这一目标。

然而，西班牙队在预选赛的成功其实相当惊险。

在4场比赛中，西班牙队仅仅打进4球，而且这4球全部产生在比赛的第70分钟之后，这说明西班牙队的实力并不过硬，期望西班牙队在世界杯上有更为出色的表现，则是不切实际的想法。

所以在1978年世界杯上，西班牙队在小组赛结束之后，就结束了自己的征程。

在这个由西班牙队、巴西队、奥地利队和瑞典队组成的小组中，西班牙队在首场比赛中就以1∶2的比分输给了奥地利队，随后在第二场比赛中与巴西队互交白卷。

最后一场比赛对阵瑞典队，西班牙队才以1∶0的比分取得了胜利，而西班牙队的进球，依然产生在比赛的第70分钟之后。

最终，西班牙队以1胜1平1负的战绩排名小组第三，距离晋级淘汰赛仍有不小的差距。

西班牙队能获得这个成绩，已经在计划之外了。

小组赛的第二场，西班牙队和巴西队在阿根廷马德普拉塔市的何塞·玛丽亚·米内拉球场进行比赛。据说作为东道主，阿根廷方面并没有认真维护这座场的草皮质量，导致这座球场的场地坑坑洼洼。阿根廷方面试图通过这个方法降低巴西队获胜的可能性，因为巴西队的三场小组赛都在这座球场举行。

最终，巴西队仅仅取得了1胜2平的战绩，其中一场平局就发生在与西班牙队的比赛中，但西班牙队也没能获得更好的成绩。

西班牙队

虽然结果不遂人愿，但重回世界杯仍然是一件值得庆祝的标志性事件，在库巴拉的执教下，西班牙队至少恢复到了正常的下限水平。

带着1978年世界杯的参赛经历，库巴拉带领西班牙队开始参加1980年欧洲杯预选赛。

在这一届预选赛中，西班牙队又和南斯拉夫队、罗马尼亚队被分在一组，同组的对手还有塞浦路斯队。开赛后，西班牙队的表现就非常不错，前三场比赛都取得了全胜的战绩，很快就奠定了在小组中领先的优势。

此后的两场比赛，虽然西班牙队战平了罗马尼亚队、输给了南斯拉夫队，但罗马尼亚队和南斯拉夫队之间的竞争也颇为激烈，这让西班牙队能够看着"鹬蚌相争"，坐收"渔翁之利"。

最后一场比赛，西班牙队以3∶1的比分战胜塞浦路斯队，以小组头名的成绩晋级1980年欧洲杯正赛。

当然，西班牙队自1964年以来首次获得欧洲杯正赛的参赛资格，也是恰好遇到了赛事"扩军"和赛制改革的大好机会。

1980年欧洲杯正赛，参赛球队从四支变为了八支，所以和此前不同，欧洲杯也有了小组赛阶段的比赛，八支球队被分为两组。而且在当时，欧洲杯效仿世界杯的赛制，两个小组的第一名参加决赛，第二名则参加季军赛。

可惜的是，重回欧洲杯后，西班牙队的好运到此为止。小组赛阶段，西班牙队落入了"死亡之组"，和比利时队、意大利队、英格兰队被分在一组。

于是，实力相对最弱的西班牙队在这个小组中成为任人宰割的"鱼腩"，除了首场比赛以0∶0的比分逼平意大利队之外，剩下的两场比赛，西班牙队都以1∶2的比分分别输给了比利时队和英格兰队。

1平2负的战绩，让西班牙队在小组中排名垫底，这说明西班牙队仍然不具备打出好成绩的能力。

◆ 主场作战，遗憾收场

1980年欧洲杯结束之后，库巴拉离开了西班牙队主帅的位置。

十一年的时间，库巴拉伴随西班牙队度过了历史上最艰难的时光，并且将西班牙队重新带回国际大赛的舞台上。很显然，出生在匈牙利的库巴拉，无论是作为球员还是教练，都为西班牙队做出了不可磨灭的贡献。

库巴拉的继任者，将不必担心西班牙队在1982年世界杯的资格

西班牙队

问题,因为1982年世界杯,西班牙是东道主。

库巴拉离职之后,西班牙足协将西班牙队交到了何塞·桑塔玛利亚的手上。

何塞·桑塔玛利亚也不是陌生人。球员时代,作为出生在乌拉圭的归化球员,何塞·桑塔玛利亚曾经代表西班牙队征战了1962年世界杯。转型成为教练之后,何塞·桑塔玛利亚在执教俱乐部时表现还算不错,这让其得到了执教西班牙队的机会。

1982年世界杯,参赛球队也从十六支扩大到了二十四支,所以小组赛阶段,二十四支球队被分为六个小组。不过,能够晋级到第二阶段小组赛的,依然只有小组排名前两名的球队。

第一阶段小组赛,作为东道主球队的西班牙队和北爱尔兰队、南斯拉夫队、洪都拉斯队被分在一组。在主场球迷的助威声中,西班牙队的第一场比赛表现不佳,仅以1∶1的比分与洪都拉斯队战平。

这个战绩,显然难以让西班牙队球迷感到满意。

第二场比赛对阵南斯拉夫队时,西班牙队的表现仍然一般。

比赛仅仅进行了10分钟,西班牙队就丢掉一球,陷入了比分落后的困境,尽管在4分钟后,效力于皇马队的前锋华尼托罚入点球,帮助西班牙队将比分扳平,但球队的第二个进球直至下半场才出现,西班牙队以2∶1的比分艰难地战胜了南斯拉夫队。

第三章 漫长低谷期：如何复苏

这场胜利并没有激发西班牙队球员的斗志，在最后一场比赛中，西班牙队以0∶1的比分输给了北爱尔兰队。

三场小组赛结束后，西班牙队仅仅取得了1胜1平1负的战绩，和南斯拉夫队同样积3分，西班牙队凭借比南斯拉夫队多打入1球的微小优势，闯入了下一阶段小组赛。

1982年世界杯的赛制规定，晋级的十二支球队将会被分为四个小组，每组三支球队，小组第一名将晋级半决赛。

在这一阶段，西班牙队吃到了小组赛表现不佳的苦头，和联邦德国队、英格兰队被分进一个小组，这样一来，纵使有着主场优势，西班牙队的表现也不会好到哪里去。

在两场比赛中，西班牙队都未能取胜，最大的收获就是和英格兰队战平的结果，以及在对阵联邦德国队时，由赫苏斯·萨莫拉打进的挽回颜面的一球。

最终，西班牙队在小组中排名倒数第一，没能进入这届在本土举办的世界杯的四强行列。

世界杯结束之后，由于西班牙队球迷的极大失望，主教练何塞·桑塔玛利亚被解雇。

从这个成绩来说，何塞·桑塔玛利亚当然应该被批评，被解雇也实属正常。但在当时，西班牙队自身缺少优秀球员，也是一个不

西班牙队

可忽略的事实。

比如代表西班牙队参加1978年世界杯、1982年世界杯和1980年欧洲杯的前锋华尼托，为西班牙队出场了34次，但只打进了8球。

一名普通的教练想要带领一支普通的球队取得好成绩，这本身就是一件极其困难的事情，尤其是考虑到优秀的球员退役之后，不一定就能成为优秀的教练这一点，西班牙足协选帅总是围绕着西班牙队前球员，这一策略可能就已经出现了错误。

1982年世界杯结束之后，西班牙队的教练变成了米格尔·穆尼奥斯。

球员时代，穆尼奥斯的履历光鲜亮丽。20世纪50年代，穆尼奥斯曾经担任皇马队的队长，带领球队夺得3次欧冠冠军，而且穆尼奥斯也曾7次代表西班牙队出场比赛。

作为教练，穆尼奥斯也相当成功。退役之后，穆尼奥斯直接担任皇马队的教练。在15年的时间里，穆尼奥斯帮助皇马队夺得了15座大大小小的冠军奖杯。

这显然是西班牙队的前任教练们都不曾有过的出色战绩。

第三章 漫长低谷期：如何复苏

◆ 神奇教练，迎来转机

主教练的位置上有了真正的能人，哪怕球员略显平庸，西班牙队也可以期待一下自己的未来了。

这一刻，并不遥远。

1984年欧洲杯预选赛，西班牙队和荷兰队、爱尔兰队、冰岛队、马耳他队被分在一组。8场比赛里，西班牙队取得了6胜1平1负的出色战绩，以进球数更多的优势力压荷兰队，晋级欧洲杯正赛。

这可能是西班牙队在国际大赛预选赛阶段，表现最为出色的一次。西班牙队首先在主场以1∶0的比分战胜了荷兰队，但在最后一场比赛前，西班牙队在进球数上大幅落后于荷兰队，想要成为小组头名，需要至少净胜马耳他队11球。

结果在最后一场比赛中，西班牙队以12∶1的比分，达成了这个目标。

很显然，在穆尼奥斯的带领下，西班牙队蜕变成为一支真正"能打硬仗"的球队。

这一表现，一直延续到了1984年欧洲杯正赛。小组赛阶段，西

西班牙队

班牙队和葡萄牙队、联邦德国队、罗马尼亚队被分在一组。

三个对手的实力都很强,所以西班牙队的前两场比赛都打成了平局。第一场比赛,西班牙队以1∶1的比分战平罗马尼亚队,洛博·卡拉斯科为西班牙队打入一球。

而第二场比赛,西班牙队遇到了伊比利亚半岛上的老对手——葡萄牙队,先行落后的西班牙队凭借着桑蒂拉纳的进球,再度收获一场平局。

最后一场比赛,西班牙队需要尽力取胜,才能让自己在竞争小组出线名额时获得更多优势。面对强大的联邦德国队,西班牙队耐心周旋,寻找机会,最终在比赛进行到第90分钟时,安东尼奥·马塞达打进本场比赛的唯一进球,帮助西班牙队取得了比赛的胜利,并获得了小组第一的成绩,晋级四强。

半决赛,西班牙队与丹麦队狭路相逢。

比赛刚刚开始7分钟,丹麦队就收获了一个美妙的开局,索伦·勒尔比的进球让丹麦队很早就取得了比分领先的优势。在这种被动的情况下,西班牙队没有自乱阵脚,而是稳扎稳打,在比赛进行到第67分钟时,马塞达打进了其在本届欧洲杯上的第二球,帮助西班牙队扳平了比分。

1∶1的比分一直维持到了加时赛结束,这意味着两支球队需要通过点球大战来分出胜负。五轮点球，西班牙队全部罚中，而丹麦队球员普雷本·埃尔克耶尔-拉尔森则在第五轮罚丢点球，西班牙队昂首进入决赛。

对于西班牙队来说，进入1984年欧洲杯决赛就是莫大的成功，至于夺冠，难度堪比登天。

在决赛上，西班牙队的对手是东道主球队法国队，当时的法国队由欧洲最优秀的球员——米歇尔·普拉蒂尼率领，实力相当强大。

然而，在比赛的上半场，西班牙队表现不错，尤其是桑蒂拉纳，其获得两次绝佳的进球机会，但并没有把握住。到了下半场，随着体能的渐渐流失，实力更强的法国队逐渐占据了上风。在比赛进行到第57分钟时，普拉蒂尼收获进球，法国队由此取得了1∶0的领先优势。

比分落后的西班牙队展开进攻，在比赛临近结束时迫使法国队的伊冯·勒鲁被第二次判罚黄牌并被红牌罚下，西班牙队从而占据了人数上的优势。但在伤停补时阶段，法国队再进一球，西班牙队最终以0∶2的比分输掉了这场决赛。

这是一场令西班牙队球迷感到痛苦的失利，但与此同时，西班牙队打出了在近几届国际大赛上的最佳表现，所以在现场观战的时任西班牙首相的费利佩·冈萨雷斯和费利佩亲王也为西班牙队的表现送上了鼓励。

西班牙队

  最重要的是,通过这一届欧洲杯,西班牙队再次成为一支有竞争力的球队,值得在未来的比赛中被寄予更多的厚望。

  而对于西班牙足协来说,这一切都源于将球队交给成功经验十足的穆尼奥斯,这是符合足球规律的一个决定。

  或许就是从这个时候开始,西班牙队为自己的未来奠定了良好的基础。

第四章

斗牛士归来：开始复苏

克莱门特的上任，可谓非常及时。

——引语

西班牙队

◆ 状态好转，回归常态

在1984年欧洲杯上取得了亚军的成绩，那么在此之后，西班牙队应该把目标设定在什么样的高度呢？

很显然，这个目标不能是尝试着取得多么好的成绩。这正是西班牙队在1964年欧洲杯之后犯下的错误，西班牙队的目标应该是保证自己不再缺席任何一届国际大赛。

唯有如此，西班牙国内的足球产业和市场才能获得长久、稳定的发展，进而源源不断地为西班牙队提供更多、更优秀的足球人才。

在穆尼奥斯的带领下，西班牙队终于做到了这一点。

1986年世界杯预选赛，西班牙队和苏格兰队、威尔士队、冰岛队被分在一组。

虽然在客场输给了苏格兰队和威尔士队，但剩下的4场比赛，西班牙队取得了全胜的战绩，这让西班牙队在积分榜上以1分的优势领先于苏格兰队和威尔士队，从而获得了1986年世界杯正赛的资格。

而在这一次的预选赛中，穆尼奥斯还为西班牙队发掘了一些年轻球员，比如当时还不到23岁的埃米利奥·布特拉格诺。

第四章 斗牛士归来：开始复苏

作为皇马队青训系统培养出的优秀球员，布特拉格诺在1984年就已经跟随西班牙队参加了当年的欧洲杯。

不过，当时的比赛形势颇为紧张，穆尼奥斯没有找到让年轻的布特拉格诺出场的机会，于是到了1986年世界杯预选赛期间，在主场对阵威尔士队的比赛中，布特拉格诺终于上演了自己在西班牙队的首秀。

在比赛进行到第90分钟时，布特拉格诺收获进球，从而在这场比赛中实现了"双喜临门"。

有了优秀的年轻球员，加上曾经获得过欧洲杯亚军的基础，穆尼奥斯和西班牙队都对即将到来的1986年世界杯信心十足。

至少，西班牙队会打出几场漂亮的比赛。

小组赛阶段，西班牙队和巴西队、北爱尔兰队、阿尔及利亚队被分在一组。首战对阵强大的巴西队，西班牙队自然落入下风，但即便如此，西班牙队也只是以0∶1的比分小负于巴西队。

在此后的两场比赛中，西班牙队就占据了主动。对阵北爱尔兰队时，布特拉格诺在比赛开始还不到两分钟时，就为西班牙队首开纪录，随后胡里奥·萨利纳斯打进球队的第二球，帮助西班牙队以2∶1的比分战胜了北爱尔兰队。

对阵阿尔及利亚队时，西班牙队的表现更为稳健，用3∶0的比

西班牙队

分完胜对手。

3场比赛2胜1负，西班牙队以仅次于巴西队的成绩晋级淘汰赛。

1/8决赛，西班牙队遇到了丹麦队，这场比赛成为布特拉格诺的成名之战。在丹麦队率先进球的情况下，布特拉格诺在上半场就帮助西班牙队扳平了比分，到了下半场，布特拉格诺又打进3球，加上安多尼·戈伊科切亚的进球，西班牙队以5∶1的比分大胜丹麦队。

这场比赛让西班牙队球迷欣喜若狂，更是让西班牙队球迷认识了一位叫作布特拉格诺的年轻才俊。

这样一场大胜，也让西班牙队开始对之后的比赛充满期待。

1/4决赛，西班牙队的对手是比利时队。

在这场比赛中，两支球队打得相当胶着，而率先丢球的还是西班牙队。在比赛进行到第35分钟时，比利时队凭借扬·瑟勒芒斯的进球取得领先优势，西班牙队在此后大举进攻，终于赶在比赛结束前，由胡安·塞尼奥尔扳平了比分。

1∶1的比分让两支球队进入了加时赛。在加时赛当中，两支球队虽然都获得了机会，但并未将比分改写，最终的结果仍将由点球大战来决定。

这一次，西班牙队未能全部命中，所以没有出现失误的比利时队就此赢得了比赛的胜利，而西班牙队则止步于八强。

第四章 斗牛士归来：开始复苏

这个成绩当然算不上多么出色，但在1986年世界杯的五场比赛里，西班牙队的表现都很不错，最后被淘汰，也只是因为点球大战落败的缘故。

这样一来，西班牙队就奠定了良好的基础。

在1988年欧洲杯预选赛阶段，西班牙队没有遇到什么波折。在这个由西班牙队、罗马尼亚队、奥地利队和阿尔巴尼亚队组成的小组里，西班牙队毫无悬念地拿到了小组第一名的成绩，顺利晋级1988年欧洲杯正赛。

或许，唯一的遗憾就是在客场输给了罗马尼亚队，没能在预选赛阶段取得6场全胜的完美战绩。

然而，在1988年欧洲杯中，西班牙队的签运很差。

西班牙队和联邦德国队、意大利队、丹麦队被分进了同一个小组。首场比赛，布特拉格诺和队友帮助西班牙队击败了小组内实力相对最弱的丹麦队，取得了关键的一场胜利。

可是在之后的两场比赛中，西班牙队先后以0∶1和0∶2的比分输给了实力强大的意大利队和联邦德国队，1胜2负的战绩显然无法支撑西班牙队竞争小组前两名的位置。最终，西班牙队早早地结束了1988年欧洲杯的征程。

西班牙队

◆ 潜在危险，重蹈覆辙？

1988年欧洲杯结束之后，穆尼奥斯选择离任。

有了这一段经历，西班牙足协也增长了一些经验，所以在选拔新任西班牙队主教练时，西班牙足协终于开始看重教练的履历，而不仅仅是名气。

经过一段时间的遴选，西班牙足协决定任命西班牙队前队长苏亚雷斯为主帅，而任命苏亚雷斯为教练的主要原因，是因为在1986年，苏亚雷斯带领西班牙21岁以下国家队夺得了欧洲21岁以下足球锦标赛的冠军。

有了这样的履历，加上苏亚雷斯在西班牙队的地位，以及球队此前奠定的良好基础，1990年世界杯预选赛的难度就降低了许多。

预选赛期间，西班牙队和爱尔兰队、匈牙利队、北爱尔兰队、马耳他队被分在一组。

在这个小组当中，西班牙队实力优势最为明显，表现也相当稳定。8场比赛后，西班牙队取得了6胜1平1负的战绩，仅仅在客场输给了爱尔兰队、战平了匈牙利队。

第四章 斗牛士归来：开始复苏

这一战绩，让西班牙队轻松地获得了小组第一的成绩，从而来到了1990年世界杯的正赛阶段。

正赛阶段，西班牙队和比利时队、乌拉圭队、韩国队被分在一组。尽管对手的实力明显增强，但西班牙队的表现依然很不错。在首战以0∶0的比分战平乌拉圭队之后，西班牙队在剩下的两场比赛里都取得了胜利，这让西班牙队再次获得了小组第一的成绩，闯进了淘汰赛。

1/8决赛，西班牙队遇到了南斯拉夫队。

两支实力接近的球队在这场比赛中打得难解难分，双方都有进球的机会，但也都被对手的防守所破坏。在比赛进行到第78分钟时，南斯拉夫队的德拉甘·斯托伊科维奇率先进球，6分钟后，西班牙队扳平比分，胡里奥·萨利纳斯打进了关键一球，将比赛拖入加时赛。

然而在加时赛仅仅开始一分钟时，斯托伊科维奇再进一球，帮助南斯拉夫队将比分再次扩大，西班牙队在余下的时间中奋力拼搏，但没能将比分再次扳平，就此被淘汰出局。

很显然，到了世界杯的舞台上，苏亚雷斯在青年队执教时所收获的成功就微不足道了。

然而，苏亚雷斯毕竟是西班牙队的名宿，一次的失败不会让西

西班牙队

班牙足协立刻失去信心。在1990年世界杯结束之后，苏亚雷斯继续带队，为1992年欧洲杯的正赛名额开始努力。

在1992年欧洲杯预选赛中，西班牙队和法国队被分在了一组，同组对手还有捷克斯洛伐克队、冰岛队和阿尔巴尼亚队。前4场比赛结束后，西班牙队仅仅取得了2胜2负的战绩，出线前景危在旦夕，于是西班牙足协选择更换主帅。

苏亚雷斯离任之后，文森特·米耶拉接手球队，但教练的更替并没有给西班牙队带来实质性的变化，此后的3场比赛，西班牙队仅仅取得了1胜2负的战绩，这使得西班牙队落后于榜首的法国队超过10分。

在最后一场对阵阿尔巴尼亚队的比赛前，由于西班牙队和阿尔巴尼亚队已经无缘晋级，加之阿尔巴尼亚国内形势动荡，所以这场比赛最终被取消。

对于西班牙队来说，这是最为危险的时刻。

自1976年欧洲杯之后，西班牙队再次无缘国际大赛，如果不加以干预，西班牙队很可能将重新陷入类似20世纪70年代初的泥沼之中。

于是在1992年，西班牙足协聘请哈维尔·克莱门特担任西班牙队主帅。

第四章　斗牛士归来：开始复苏

◆ 防守至上，稳定发挥

和西班牙队前几任教练不同，克莱门特作为球员，不仅没有为西班牙队征战的经历，甚至因为连续的受伤，在24岁就宣布退役。

然而，在退役之后，克莱门特就开始深耕于教练岗位。31岁那一年，克莱门特担任了毕尔巴鄂竞技队的主帅。在第二个赛季中，克莱门特就率领球队夺得了西甲的冠军，第三个赛季中，该球队甚至夺得了西甲和国王杯两项赛事的冠军，这让毕尔巴鄂竞技队成为"双冠王"。

显而易见的是，这是一位比苏亚雷斯经验丰富得多的教练，西班牙足协在最关键的时刻找对了人。

于是，在1994年世界杯预选赛上，西班牙队重新找回了自己的竞争力。

在这个由西班牙队、爱尔兰队、丹麦队、北爱尔兰队、立陶宛队、拉脱维亚队、阿尔巴尼亚队组成的庞大小组中，西班牙队在12场比赛中取得了8胜3平1负的战绩，以小组第一名的成绩晋级1994年世界杯正赛。

西班牙队

其中，最能体现克莱门特执教风格的，就是西班牙队在这12场比赛中仅仅丢掉了4球，击败西班牙队变成一件非常困难的事情。

后卫费尔南多·耶罗，也就此成为克莱门特的爱将。在预选赛的最后一场比赛中，正是耶罗的头球破门，让西班牙队以1∶0的比分击败丹麦队，获得了小组第一名的成绩。

不过，到了1994年世界杯正赛，西班牙队的防守就没有这么出色了。

小组赛阶段，西班牙队在3场比赛里丢掉了4球，而且每一场比赛都有丢球，这使得西班牙队先后以2∶2和1∶1的比分战平了韩国队和德国队。

在最后一场小组赛中，西班牙队以3∶1的比分击败了玻利维亚队。这场比赛的胜利至关重要，它让西班牙队的排名在小组中上升至第二名，从而晋级到了淘汰赛。

在这场比赛中，为西班牙队打进第一球的球员叫作何塞普·瓜迪奥拉，这名球员将在未来彻底改变西班牙足球的发展。

进入淘汰赛之后，西班牙队的表现尚可。

1/8决赛，西班牙队以3∶0的比分完胜瑞士队，耶罗打进了第一球，当时和瓜迪奥拉一样年轻的前锋路易斯·恩里克打进了第二球，艾托·贝吉里斯坦打进了第三球。

第四章　斗牛士归来：开始复苏

这三人都将在未来的西班牙队历史中，以不同的方式留下自己的印记。

1/4决赛，西班牙队迎来了意大利队的挑战。面对罗伯托·巴乔领衔的意大利队，西班牙队在自己最擅长的技术层面也甘拜下风，于是以1∶2的比分输掉了比赛。不过，即便输了球，西班牙队也让意大利队经历了一场苦战。

意大利队的第二球，直至比赛进行到第88分钟时才艰难打进。

西班牙队在1994年世界杯上的表现，或许因为克莱门特的战术而显得不够精彩，但闯入八强的成绩摆在这里，对于西班牙队来说，这才是最重要的。

克莱门特的上任，可谓非常及时。

在当时，克莱门特就是西班牙队最需要的人选。

1996年欧洲杯预选赛，西班牙队在克莱门特的带领下，以8胜2平的不败战绩强势晋级1996年欧洲杯正赛。

而在正赛阶段，和1994年世界杯一样，西班牙队在小组赛依然没有输球，哪怕对阵法国队，也只是以1∶1的比分战平。两支球队以1胜2平的相同战绩，晋级到了淘汰赛阶段。

只不过，在淘汰赛中，西班牙队很快遇到了东道主英格兰队。在一场沉闷的比赛过后，西班牙队与英格兰队以0∶0的比分进入点

西班牙队

球大战。

结果，第一个主罚的耶罗就罚失点球，第四个出场的米格尔·安赫尔·纳达尔也出现失误，英格兰队则是四罚全中，西班牙队由此结束了1996年欧洲杯的征程。

在两届国际大赛中，西班牙队的表现都很稳定。

在克莱门特的支持者看来，西班牙队能够在预选赛阶段保持强势，在正赛阶段也有一定的竞争力，这就已经很不错了。然而，在克莱门特的批评者看来，西班牙队的风格变化实在过于激烈，由此导致西班牙队的比赛变得非常无趣，完全没有发挥出西班牙队球员的技术特点。

一个最好的例子，就是瓜迪奥拉没有参加1996年欧洲杯，因为瓜迪奥拉与克莱门特出现了战术上的分歧，所以瓜迪奥拉被克莱门特弃用。

这个例子就说明了克莱门特给西班牙队带来的变化有多么巨大。面对外界的批评和内部的矛盾，克莱门特唯一的挡箭牌就是球队稳定的表现和成绩，然而，一旦表现和成绩出现波动，面对批评，克莱门特就很难反驳了。

这看似是克莱门特需要面对的难题，其实是西班牙队自己的难题。

第五章

巅峰来临前：光芒呈现

在2004年欧洲杯失利之后，就已经有一些西班牙足球人开始探索西班牙队在国际大赛屡屡失败的深层原因，其中就包括阿拉贡内斯。

——引语

西班牙队

◆ 仅是预选赛之王

1998年世界杯预选赛，西班牙队延续了不错的表现。

西班牙队和南斯拉夫队、捷克队、斯洛伐克队、法罗群岛队、马耳他队被分在一组。在10场比赛里，西班牙队取得了8胜2平的不败战绩。

预选赛的强势表现已经成为克莱门特的西班牙队的标签，但外界最关注的是，已经可以保证国际大赛名额的西班牙队能否创造更好的成绩。

很可惜的是，西班牙队未能在1998年世界杯创造佳绩，甚至表现得比此前更糟。

小组赛阶段，西班牙队和尼日利亚队、巴拉圭队、保加利亚队被分在一组。

首场比赛，西班牙队便以2∶3的比分输给了尼日利亚队，耶罗和小将劳尔·冈萨雷斯·布兰科的进球一度帮助西班牙队以2∶1的比分领先于对手，但在比赛的最后17分钟，西班牙队突然崩溃。

尽管输掉了这场比赛，但西班牙队还有机会，毕竟小组内没有

第五章 巅峰来临前：光芒呈现

强敌。然而在第二场比赛中，西班牙队穷尽90分钟的时间，都没能打入一球，从而以0∶0的比分战平了巴拉圭队。

于是，西班牙队的晋级形势立刻变得危险起来。两轮比赛结束后，尼日利亚队已经获得6分，巴拉圭队则获得2分，西班牙队和保加利亚队只有1分。西班牙队想要从小组赛出线，必须在下一轮比赛自己战胜保加利亚队的同时，寄希望于另一场比赛尼日利亚队能够保持不败。

然而，这一点存在风险，因为已经锁定小组第一名的尼日利亚队，很有可能会派出替补球员对阵巴拉圭队。

事情发展正如最糟糕的情况那样。

最后一轮比赛，西班牙队面对弱旅保加利亚队，终于打开了进球账户，以6∶1的比分大胜保加利亚队，从而让自己的积分变为4分。

但在另一场比赛中，巴拉圭队在比赛仅进行了1分钟时便收获进球，最终以3∶1的比分战胜了尼日利亚队，最终以5分的成绩力压西班牙队，将西班牙队淘汰出局。

这个结果，实际上已经耗尽了克莱门特的声誉。如果连小组赛都出不了线，那么西班牙队球迷就没有理由继续忍受克莱门特的战术风格了。于是，在2000年欧洲杯预选赛中，西班牙队在第一场比赛就以2∶3的比分输给了塞浦路斯队这样的"鱼腩"，而后克莱门特

西班牙队

黯然下课。

当时,外界普遍认为西班牙队拥有很多出色的球员。

耶罗和恩里克虽老,尚可一战,而在中生代和年轻球员当中,劳尔、费尔南多·莫伦特斯还在,门将位置上,卡西利亚斯这样的新星也在崭露头角。

在这样的基础上,西班牙足协和球迷都希望看到西班牙队打出华丽、漂亮的进攻场面,于是西班牙足协找到了当时只有43岁的何塞·安东尼奥·卡马乔。

作为西班牙队前球员,卡马乔在退役之后只有有限的几年执教经历,但卡马乔上任之后,西班牙队立刻发生了改变。

2000年欧洲杯预选赛,西班牙队在剩余的7场比赛中取得全胜的战绩,而更惊人的是,西班牙队在这7场比赛里打进了40球。

当然了,这在很大程度上是因为同组的对手有塞浦路斯队和圣马力诺队这样的弱旅,然而,西班牙队大比分战胜的可不止这两支球队。预选赛第三场比赛中,西班牙队在主场以9∶0的大比分战胜了奥地利队。

这样的表现,自然让外界无比满意,西班牙足协和球迷都认为,这次西班牙队终于找对了教练。

然而,到了2000年欧洲杯正赛,一切恢复成了原来的模样。

小组赛阶段，西班牙队和南斯拉夫队、挪威队、斯洛文尼亚队被分在一个小组。在预选赛中表现出色的西班牙队，却在小组赛第一场就以0∶1的比分输给了挪威队。

此后两场比赛，西班牙队虽然都获得了胜利，但以2∶1和4∶3的比分分别战胜斯洛文尼亚队和南斯拉夫队，说明西班牙队的实力依然需要考验。

凭借2胜1负的战绩，西班牙队的确进入了淘汰赛，但在1/4决赛中对阵法国队，这注定是一场没有太多悬念的比赛。

面对齐内丁·齐达内领衔的法国队，西班牙队难以招架，在比赛进行到第33分钟时就被对手攻破球门，虽然在5分钟后，西班牙队凭借盖兹卡·门迭塔罚入点球扳平了比分，但在上半场临近结束时，还是被法国队再进一球。

最终，西班牙队以1∶2的比分被法国队淘汰，战绩和表现都没有发生实质性的变化。

在2002年世界杯上，西班牙队将这一剧本重新演绎了一遍。

预选赛阶段，卡马乔的西班牙队依然是小组内毫无争议的第一名，8场比赛里取得了6胜2平的战绩。虽然这一次的进球数并不惊人，但比第二名的奥地利队多打进了11球，这依然说明了西班牙队在预选赛阶段的进攻能力。

西班牙队

到了正赛阶段，一切开始有所变化。这一次，西班牙队和巴拉圭队、南非队、斯洛文尼亚队被分在一组。三场比赛，西班牙队取得了全胜的战绩，每场比赛都打进3球，但每场比赛也都有失球。

进入淘汰赛阶段，西班牙队就变得步履维艰。1/8决赛，西班牙队在早早打进一球的情况下，在比赛的最后时刻被爱尔兰队逼平，双方在加时赛互交白卷后被迫需要通过点球大战来分出胜负。罚丢两球的西班牙队非常幸运，没有被淘汰，因为爱尔兰队罚丢了3球。

这样的好运气在1/4决赛中被消耗殆尽。面对东道主之一的韩国队，西班牙队穷尽120分钟没有取得进球，尽管西班牙队两次将球打进球门，但裁判都认为西班牙队的进球无效。

这使得西班牙队需要再次面对点球大战，结果华金·桑切斯·罗德里格斯罚丢了关键一球，导致西班牙队在点球大战中落败，结束了2002年世界杯的征程。

尽管这场比赛充满了争议，但卡马乔自己也很清楚，他无法帮助西班牙队突破这一困局。于是，卡马乔没有借用争议来为自己开脱，而是宣布辞职。

不知不觉之中，劳尔已经25岁了。

在世纪之交期间，西班牙队的主力前锋——劳尔已经参加了三届国际大赛，但在正赛阶段，劳尔只为西班牙队打进5球，而在这段

第五章 巅峰来临前：光芒呈现

时间里，劳尔在俱乐部的各项赛事中，获得了4次最佳射手的称号。

很显然，这二者之间存在着巨大的区别。

◆ 止步不前的困境

2002年世界杯之后，伊纳基·萨兹接任西班牙队教练一职。

此前几年，伊纳基·萨兹一直在担任西班牙队各级青年队的教练，1998年，伊纳基·萨兹率领西班牙21岁以下国家队击败了希腊21岁以下国家队，获得了欧洲21岁以下足球锦标赛的冠军。

巧合的是，在2004年欧洲杯预选赛上，西班牙队刚好和希腊队被分在一组，同组的对手还有乌克兰队、亚美尼亚队和北爱尔兰队。

8场比赛，西班牙队取得了5胜2平1负的战绩，看似还不错，但希腊队取得了6胜2负的战绩，直接晋级，排名第二的西班牙队只能被迫去参加附加赛。

附加赛阶段，西班牙队在两个回合的比赛中都战胜了挪威队，从而有惊无险地获得了2004年欧洲杯正赛的名额。

进入正赛阶段，有趣的事情还在发生。西班牙队又和希腊队被分在一组，同组的对手还有俄罗斯队和东道主葡萄牙队。

西班牙队

首场比赛，凭借胡安·贝莱隆的进球，西班牙队以1∶0的比分击败了俄罗斯队。然而，在第二场比赛中，希腊队又给西班牙队制造了麻烦。尽管莫伦特斯帮助西班牙队首开纪录，但在下半场比赛中，安耶洛斯·查里斯泰亚斯帮助希腊队扳平比分，并且将1∶1的比分一直保持到了比赛结束。

两场比赛一胜一平，这不是一个糟糕的结果。但在最后一场面对东道主葡萄牙队的比赛中，西班牙队毫不意外地以0∶1的比分输给了葡萄牙队。

3场比赛获1胜1平1负的战绩，让西班牙队和希腊队的积分相同。由于两支球队打平，相互之间的战绩也完全相同，净胜球也都为0球，最终，希腊队凭借4球的总进球数，力压西班牙队，将后者挤到了第三名的位置上，西班牙队再次出局。

这届欧洲杯结束之后，伊纳基·萨兹被解雇，阿拉贡内斯接手球队。

在2004年欧洲杯失利之后，就已经有一些西班牙足球人开始探索西班牙队在国际大赛屡屡失败的深层原因，其中就包括阿拉贡内斯。

在这些西班牙足球人看来，西班牙队的问题出现在球员的身体素质上。和优秀的荷兰队球员、德国队球员相比，西班牙队球员不高、不壮，速度也不够快，而和同样有着类似困扰的意大利队相比，西班牙队又没有其在防守端严密的体系。

这一点就解释了西班牙队球员能够在俱乐部赛事中发挥出色，却难以在国家队复制自己优秀表现的原因。在俱乐部中，有来自世界各地的外援可以帮助俱乐部规避本国足球的固有弱点，但在西班牙队中，只能征召西班牙球员，就让西班牙队难以绕过这一难题。

劳尔在皇马队和西班牙队中的不同表现，就是一个非常明显的例子。

在当时，纵使西班牙足球人已经发现了问题的原因，但却找不到解决问题的办法，阿拉贡内斯也是一样。

上任之后，阿拉贡内斯只是依照原有的方法，放弃了一些年龄较大的球员，尝试着用更年轻的球员来规避西班牙球员身体素质不佳的这一弱点，并且开始重用一些极具特点的球员，从而赋予西班牙队全新的风格。

在这当中，哈维就是一个非常典型的例子。

1980年出生的哈维是同龄球员中的佼佼者，也帮助过西班牙20岁以下国家队在1999年世界青年足球锦标赛上获得冠军。

然而，随着年龄的增长，哈维需要在赛场上面对更有经验的对手，这个时候，哈维仅有1.70米的身高就成为明显的弱点。有一段

西班牙队

时间，哈维在俱乐部和国家队都难有出场的机会，哪怕在2004年欧洲杯，在曾经青年队时期的教练伊纳基·萨兹的手下，哈维也只能枯坐在替补席上。

不过，阿拉贡内斯的到来，改变了哈维在西班牙队的命运。

经过阿拉贡内斯改造的西班牙队，在2006年世界杯开始了新的尝试。

预选赛期间，西班牙队表现一般，在这个对手为塞尔维亚和黑山队、波斯尼亚和黑塞哥维那队、比利时队、立陶宛队、圣马力诺队的小组中，西班牙队在10场比赛过后，仅仅取得了5胜5平的战绩。

看似不败，但这只能让西班牙队排在小组第二名。

实际上，阿拉贡内斯的改造还没有完成。在2006年世界杯开幕前，阿拉贡内斯还在为西班牙队考察球员，塞斯克·法布雷加斯、安德雷斯·伊涅斯塔都是在这段时间才在西班牙队上演首秀，就立刻被招入西班牙队的世界杯大名单当中。

这样一支年轻、特点尚不出挑甚至赛前还在不断发生变化的球队，自然难以在世界杯上打出多么好的成绩，但在潜移默化之中，西班牙队已经开始改变。

2006年世界杯小组赛，西班牙队和乌克兰队、突尼斯队、沙特阿拉伯队被分到一组。小组对手的实力都不是很强，这让西班牙队得以用小组赛来打磨自己的战术。

3场比赛，西班牙队取得了全胜的战绩，对阵乌克兰队和突尼斯队这两场比赛，西班牙队合计打进7球，除了劳尔之外，更年轻的费尔南多·托雷斯和大卫·比利亚都上演了梅开二度的好戏。

而在最后一场对阵沙特阿拉伯队的比赛中，胡安·古铁雷斯·莫雷诺（昵称"华尼托"）为西班牙队打入一球，从而帮助西班牙队以小组第一的名次晋级淘汰赛。

1/8决赛，西班牙队又遇上了齐达内领衔的法国队。

纵使齐达内已经老去，但法国队在其带领下，依然表现得相当出色，西班牙队则没有找到限制齐达内发挥的办法。

比赛过程中，西班牙队一度凭借比利亚的点球取得领先，但法国队却在之后的比赛中连进三球，将比分逆转，也将西班牙队淘汰出局。

在这届世界杯之前，阿拉贡内斯曾经表示，如果不能带领西班牙队晋级四强，突破西班牙队在世界杯上的这一难关，自己将会引咎辞职。

在比赛结束之后，阿拉贡内斯则表示："对于西班牙队，我有一个长远的计划，希望西班牙人民和足协能给我机会，让我完成这个计划。"

很显然，阿拉贡内斯已经替西班牙队想好了未来的出路，但在

西班牙队

当时,西班牙队球迷并不看好西班牙队的未来,他们已经习惯了这支球队的低迷。

然而,就从这一刻开始,西班牙队彻底蜕变。

第六章

斗牛士王朝：崛起2008

> 最终，西班牙队终于等到了比赛结束的哨音，西班牙队以1∶0的比分战胜德国队，时隔44年再获国际大赛冠军。
>
> ——引语

西班牙队

◆ 破釜沉舟，战术革新

2006年世界杯结束之后，阿拉贡内斯和团队认真分析了西班牙队的表现。

被淘汰的最终结果，说明了西班牙队实力不足。1/8决赛，面对高大、强壮、技术还很精湛的齐达内，以及同样在身体素质方面占优势的法国队其他球员，西班牙队的球员毫无办法，完全不知道该如何限制对手的发挥。

但在小组赛的比赛里，包括对阵法国队时掌控球权的阶段，西班牙队都做得很好。这仰仗于西班牙队平均水准很高的传、接球基本功，只要不暴露身体素质的短板，西班牙队球员很少会出现失误。

通过这两点，阿拉贡内斯决定扬长避短，充分发挥西班牙队在控制球环节的明显优势，以此来掩盖西班牙队球员在身体素质上的短板。一种很早就在西班牙足坛出现的战术，出现在阿拉贡内斯的脑海中。

1988年，荷兰队传奇球员约翰·克鲁伊夫来到巴萨队担任教练。

第六章 斗牛士王朝：崛起2008

当时的巴萨队是一支负债累累、陷入危机的球队。球队不仅成绩很糟糕，而且在场上的表现更糟糕，由此导致球队内外的气氛都很低迷，主场上座率连年下降。而成绩的糟糕也使得球队无法引进球星，由此便导致球队的成绩更为糟糕，进入了一种恶性循环的状态。

克鲁伊夫的到来，很快就扭转了这一看似无法扭转的趋势。克鲁伊夫带来的"武器"叫作"全攻全守"。

这是一项在20世纪70年代盛行于荷兰足坛，帮助荷兰俱乐部和荷兰队获得预料之外的成功的战术。

这一战术的字面意思是，除了门将之外，球场上的每一个球员都要参与球队的进攻和防守。进攻时，后卫也要上前参与，而进入防守阶段时，前锋也要通过回撤来帮助球队。

然而除字面意思之外，"全攻全守"战术的核心是位置和角色的流动。不管是在进攻阶段还是防守阶段，球员都需要根据场上的形势和自己与球之间的关系来参与进攻或防守，如果根据形势一名球员需要脱离自己的位置，那么这名球员就应该如此行事。

这个时候，另一名球员就需要移动到这名球员原本的位置上，扮演这名球员原本的角色，可能是前锋，也可能是后卫，其他球员也以此类推，所有的变换过程需要同步完成，从而形成一种动态中

西班牙队

的平衡，以此维持球队原本的组织结构。

凭借这一战术，克鲁伊夫彻底改变了巴萨队。

在1989年至1994年之间，克鲁伊夫带领巴萨队夺得了1次欧冠冠军、4次西甲冠军、1次欧洲优胜者杯冠军、1次国王杯冠军和4次西班牙超级杯冠军。

巨大的成功，让巴萨队在克鲁伊夫之后，还聘用了路易斯·范加尔和弗兰克·里杰卡尔德这样的荷兰教练，以求延续类似风格的成功。

随着巴萨队收获成功，西班牙的其他俱乐部也从中发现优点，并且进行借鉴和模仿，从而塑造了整个西班牙足球对于球员技术的高标准要求。

西班牙俱乐部可以借此收获巨大的成功，西班牙队自然也可以从中汲取灵感，但俱乐部可以引进外援，国家队却做不到这一点。所以西班牙队必须从中发掘出适合西班牙队球员特点的内容，避免一味照搬所带来的风险。

如果说"全攻全守"指的是球员更多的位置流动，从而给对手的防守制造困扰，那么对于西班牙足球来说，更好的方法则是让球尽可能地滚动起来，避免球在某一球员的脚下停留过长的时间，也避免在一对一对抗中暴露西班牙队球员的身体素质短板。

通过多名球员用短传的方式对球保持控制，西班牙队也可以长时间掌控球权，从而尽可能地降低西班牙队被对手攻破球门的可能性。

战术框架已经成功搭建，接下来就是挑选合适的球员了。

与此同时，2008年欧洲杯预选赛正式打响，西班牙队和瑞典队、北爱尔兰队、丹麦队、拉脱维亚队、冰岛队、列支敦士登队被分在一组。

2006年9月，在首战击败列支敦士登队之后，西班牙队在第二场比赛中以2∶3的比分，在客场输给了北爱尔兰队。在第二场比赛中，尽管哈维在比赛的第14分钟就破门得分，比利亚也在下半场比赛中打进一球，但北爱尔兰队的戴维·希利表现极佳，用帽子戏法让西班牙队输掉了比赛。

在2006年10月进行的第三场比赛中，西班牙队更是在客场以0∶2的比分输给了瑞典队。

◆ 将帅矛盾，旗帜告别

输掉这两场比赛让西班牙队饱受批评，而针对阿拉贡内斯最多的批评，不是场上球员的表现，不是战术设计上的不足，而是选

西班牙队

人、用人上的偏好。

对阵北爱尔兰队的比赛,是劳尔最后一次代表西班牙队出场,而对阵瑞典队的比赛,劳尔则没有被西班牙队征召。

那时,劳尔是西班牙队的旗帜性人物,阿拉贡内斯则并没有过硬的成绩来为自己撑腰,所以外界立刻对阿拉贡内斯放弃劳尔的这一举动大肆批评。尽管阿拉贡内斯一直表示,不征召劳尔是出于竞技层面的原因,但在没有成绩的时候,这一说法显然不具备足够的说服力。

那个时候,只有阿拉贡内斯自己知道自己在做什么。

从竞技层面的角度来说,劳尔确实不再符合阿拉贡内斯的要求。单纯从技术层面来看,劳尔的技术依然过硬,但临近30岁,劳尔显然无法承担在"全攻全守"战术中作为前锋对对手球员进行压迫的职责,而比劳尔年轻的托雷斯和比利亚都可以更好地完成这一战术任务。更何况,托雷斯和比利亚的技术同样过硬。

那么在已经拥有了两名出色的前锋的情况下,征召一个无法达到战术要求、只能坐在替补席上,却拥有大量球迷和拥趸的前锋,不仅毫无必要,而且还会给球队增添新的麻烦。

只不过,在输球的时候,没有人会愿意听败军之将的解释,所有的决定看起来都是错误的。阿拉贡内斯唯一能做的,就是提升战绩。

之后的比赛,西班牙队取得了四连胜。这一成绩让外界对阿拉贡内斯的质疑稍有缓解,但西班牙队的表现依然飘忽不定,即使表现再出色,也不过是以两球的优势战胜对手罢了。

于是,2007年9月,在西班牙队以1:1的比分战平冰岛队之后,批评的声音卷土重来。

这是西班牙队在2008年欧洲杯预选赛阶段的最后一场失利,此后的4场比赛,西班牙队取得全胜的战绩,最终以9胜1平2负的战绩夺得了小组的第一名,晋级到2008年欧洲杯正赛。

整个预选赛期间,比利亚是西班牙队的最佳射手,为西班牙队打进了7球,托雷斯也为西班牙队打进了两球。

不过,最让人感到惊讶的是,此前在西班牙队一直缺少存在感的哈维,为球队打进4球,年轻的伊涅斯塔也有3球入账。

这两名球员的进球数据,说明了阿拉贡内斯的战术体系正在逐渐成形。最好的例子就是哈维,这名身高只有1.70米的中场球员不再是西班牙队的弱点,而成为西班牙队在比赛中的亮点之一。

虽然成功晋级到欧洲杯正赛,让阿拉贡内斯遭受的批评声小了一些,但关于阿拉贡内斯和劳尔之间的争议,并未减少。

随着时间的推移,新闻中出现了越来越多关于两人的故事。比

西班牙队

如根据报道，两人之间的关系破裂源于劳尔对阿拉贡内斯的战术和管理的不满，劳尔在2006年就曾向西班牙足协施压，要求西班牙足协解雇阿拉贡内斯；而阿拉贡内斯也曾发现劳尔抽烟，在被西班牙队停止征召之后，劳尔还曾组织自己的支持者向西班牙足协和阿拉贡内斯表示抗议等等。

很显然，这其中的大部分故事都并非事实。为此，在2008年3月，阿拉贡内斯和劳尔一同召开新闻发布会，向外界表示两人之间并无个人恩怨，一切都是出于竞技层面的考虑。当然，劳尔并不认同自己的能力不足以入选西班牙队，只不过作为球员，劳尔必须接受教练的决定罢了。

◆ 不破不立，背水一战

在这种情况下，西班牙队的大名单里没有劳尔，丝毫不让人觉得奇怪。

可以预料的是，一旦西班牙队在2008年欧洲杯上表现不佳，弃用劳尔的决定将彻底反噬阿拉贡内斯在这两年里所做的一切。想让自己得到公正的评价，唯一的方法就是打出出人意料的好成绩。

第六章 斗牛士王朝：崛起2008

就是在这种舆论环境下，西班牙队开始了自己在2008年欧洲杯的征程。

小组赛阶段，西班牙队和俄罗斯队、瑞典队、希腊队被分在一组。对于西班牙队而言，这看似是一个没有强敌的小组，但其实三个对手都不好打。

其中，希腊队是2004年欧洲杯冠军，当时夺冠的球员大部分都在出战阵容中；瑞典队则有兹拉坦·伊布拉西莫维奇（简称"伊布"）这样的球星坐镇；而在预选赛阶段，俄罗斯队曾以2∶1的比分击败英格兰队，让英格兰队没能晋级到2008年欧洲杯正赛。

第一场比赛，西班牙队就让球迷吃下了定心丸。

首场比赛，西班牙队对阵俄罗斯队。比赛开始之后，西班牙队就用自己的战术风格牢牢地控制住了比赛节奏和球权，在比赛进行到第20分钟时，西班牙队就开始了进球的表演。

这场比赛中，比利亚大放异彩，他用帽子戏法为西班牙队锁定了比赛的胜利，尽管罗曼·帕夫柳琴科在比赛进行到第86分钟时扳回一球，但法布雷加斯在伤停补时阶段再进一球，帮助西班牙队以4∶1的比分击败了俄罗斯队，收获了一场漂亮的开门红。

第二场比赛，西班牙队迎战瑞典队。面对伊布这样的对手，西班牙队自然不能用一对一的防守方法来限制伊布的发挥，最好的方

西班牙队

法依然是剥夺瑞典队的球权，从而让伊布落入英雄无用武之地的困境之中。

于是，在比赛进行到第15分钟时，西班牙队就收获了进球，为球队进球的是托雷斯。

然而，随着比分的平衡被打破，比赛也变得更为激烈，西班牙队还是出现了错误。在比赛进行到第34分钟时，瑞典队让伊布有了一对一的进攻机会，在禁区内，伊布面对塞尔吉奥·拉莫斯的防守破门得分，将比分扳平。

在接下来的时间里，双方都有将比分超出的机会，但都没有将球打进，直至比赛进入伤停补时阶段，比利亚接到后场的长传球，在对方两名后卫的防守中打进绝杀球，西班牙队以2∶1的比分收获了第二场胜利。

两战皆胜后，西班牙队已经锁定了小组出线的名额。于是，在第三场比赛中，阿拉贡内斯选择了轮换阵容，用替补球员来迎接希腊队的挑战。

这一决定当然让西班牙队的战斗力有所下滑，希腊队也在比赛中率先取得进球，但在没有压力的情况下，随着时间的推移，西班牙队球员还是展现了自身的突出实力，鲁本·德拉雷德和丹尼尔·古伊萨在下半场各进一球，让西班牙队逆转取胜，从而帮助西

第六章 斗牛士王朝：崛起2008

班牙队取得了小组赛全胜的战绩。

这一结果让西班牙队球迷颇为满意，但也有不少人认为取得这样的成绩是因为西班牙队没有遇到强敌。所以西班牙队能否打出优异的战绩，仍然是一个悬而未决的问题。

这个疑问，在1/4决赛时就得到了解答。

◆ 遇强则强，王朝崛起

1/4决赛，西班牙队遇到了意大利队。

作为2006年世界杯冠军，意大利队是毫无疑问的强队，而且在这之前，意大利队已经在国际大赛上保持了88年对西班牙队不败的战绩，所以这将是一次检验西班牙队能力的绝佳机会。

比赛开始之后，西班牙队还是掌控了球权，并且尝试着向意大利队的球门实施进攻，但都被意大利队的防守一一化解。全场比赛进球的最好机会属于意大利队，在比赛进行到第60分钟时，意大利队连续攻门，都被卡西利亚斯的扑救挡了出去。

0∶0的比分一直保持到了加时赛结束，双方需要通过点球大战来分出胜负。虽然古伊萨在第四轮罚丢了点球，但卡西利亚斯扑出

西班牙队

了达尼埃莱·德罗西和安东尼奥·迪纳塔莱的点球，这使得第五个出场的法布雷加斯只要罚进点球，西班牙队即可取胜。最终，法布雷加斯不负众望，让西班牙队迈过了意大利队这道难关。

自1984年欧洲杯以来，西班牙队首次晋级欧洲杯四强，而在半决赛上，西班牙队的对手是曾在小组赛中战胜过的俄罗斯队。

以小组第二名的成绩出线之后，俄罗斯队令人惊讶地淘汰了荷兰队，显然俄罗斯队的状态已经变得不同，而西班牙队自然也不可小觑。

到了半决赛，西班牙队也谨慎了许多，这让西班牙队在上半场和俄罗斯队打成了平手。然而，对于西班牙队来说，这个上半场是苦涩的，因为在比赛进行到第35分钟时，比利亚出现了受伤的情况，这让西班牙队失去了锋线上的"尖刀"，阿拉贡内斯只好将其换下。

这对西班牙队来说是一个巨大的损失，但换上法布雷加斯后，西班牙队在中场区域和技术层面的表现反倒更上一层楼。在比赛进行到第50分钟时，哈维首开纪录，古伊萨和大卫·席尔瓦各进一球，让西班牙队再次战胜俄罗斯队，以3∶0的比分强势闯入决赛。

这是西班牙队自1984年以来，第二次获得夺得国际大赛冠军的机会。

然而，由于自1984年以来的糟糕战绩，许多西班牙队球迷在赛前并不认为西班牙队可以获得冠军奖杯，尤其是考虑到西班牙队在

第六章 斗牛士王朝：崛起2008

决赛的对手是曾经三次夺得过欧洲杯冠军的德国队。

而在赛前，西班牙队也没有迎来好消息，比利亚依然无法出战，这使得西班牙队不得不大致沿用在半决赛中换下比利亚之后的阵容和打法。

紧张的情绪在西班牙队蔓延，这导致在决赛开始之后，西班牙队的拉莫斯出现了失误，险些被德国队转化为一次进攻。

比赛的开局阶段，西班牙队的表现相当糟糕，而且在德国队的施压下，西班牙队频频打出长传球，完全失去了在此前几场比赛中的统治力。

这是西班牙队最危险的时刻，但顶住开局阶段的压力过后，西班牙队逐渐冷静了下来，开始在中场区域制造人数上的优势，与德国队形成抗衡。

在试探性地打出几次进攻之后，西班牙队在比赛进行到第32分钟时创造了一次绝佳的机会。哈维送出传球，西班牙队前场最强壮的托雷斯刚好与德国队后场最瘦小的菲利普·拉姆互相争夺位置，结果拉姆落入下风，而托雷斯赶在德国队门将延斯·莱曼扑救之前，将球挑过，为西班牙队打进了关键一球。

西班牙队本有机会在上半场中打进第二球，但大卫·席尔瓦的射门高出球门，这让上半场比赛以1∶0的比分结束。

西班牙队

比分已经领先，奖杯近在眼前。西班牙队在下半场调整战术，降低了施压和进攻的力度，毕竟西班牙队太想获得这座奖杯了。虽然西班牙队在下半场的比赛中略显保守，但德国队并未借助这一趋势制造出好机会，反倒是西班牙队通过反击频繁制造出了威胁。

时间一分一秒地流逝，西班牙队离冠军越来越近。最终，西班牙队终于等到了比赛结束的哨音，西班牙队以1∶0的比分战胜德国队，时隔44年再获国际大赛冠军。

比赛结束之后，阿拉贡内斯在采访中表示自己的情绪非常激动，他特意感谢了所有为西班牙队努力过的球员："不管是那些出场次数多的球员，还是那些出场次数很少的球员。"

很显然，阿拉贡内斯在过去的两年里承受了太多的压力，这座冠军奖杯是最好的回报。除此之外，获得赛事最佳球员称号的哈维在采访中也表示："最大的功劳属于主教练阿拉贡内斯，因为他在一群'小家伙'的身上进行了一场伟大的赌博。"

阿拉贡内斯赌赢了，也为曾经无数次迷茫的西班牙足球找到了最终的答案。

第七章

斗牛士王朝：盛世2010

从这一刻开始，西班牙队建立起了自己的"王朝"。

——引语

西班牙队

◆ 战术传承，强势继续

2008年欧洲杯决赛结束之后，阿拉贡内斯辞去了西班牙队主帅的职务。

在充满争议的四年后，阿拉贡内斯给了西班牙队一个非常圆满的结果，尽管西班牙足协和球员百般不舍，但阿拉贡内斯的离开注定是难以避免的事情。

2008年7月17日，阿拉贡内斯的继任者正式上任，新教练的名字叫作文森特·德尔·博斯克。

在接过这样一支冠军球队后，当被问到是否会延续阿拉贡内斯的战术打法时，博斯克自然不会给出否定的答案。

但是，阿拉贡内斯究竟留下了一个什么样的战术打法呢？

2008年欧洲杯结束之后，国际足坛将西班牙队的成功归因于一种名为"Tiki-Taka"的战术风格，以此来指代西班牙队这种以短传为主，长时间保持控球的战术打法。

而"Tiki-Taka"这一词被大众所熟知，则是源于2006年世界杯西班牙队与突尼斯队的一场比赛。当时西班牙队保持控球，西班牙解说员安德烈斯·安东尼奥·蒙特斯·冈萨雷斯在解说中如此形容:"Estamos tocando Tiki-Taka Tiki-Taka.（我们正在Tiki-Taka，Tiki-Taka地'演奏'当中。）"

很显然，博斯克的西班牙队将在这样的框架内继续发展。

对于很多西班牙队球员来说，那段时间都极为美好。

西班牙队终于找到属于自己的、独步天下的战术打法，而且正处于战无不胜的状态当中，而对于效力于巴萨队的西班牙队球员来说，这一切更是宛若在天堂一般。

2008—2009赛季，巴萨队夺得了所参加的所有赛事的冠军，包括西甲、国王杯、欧冠、西班牙超级杯、欧洲超级杯和国际足联俱乐部世界杯。

这一战绩让巴萨队成为当时世界上最强大的球队，时任教练瓜迪奥拉的战术思路和阿拉贡内斯在很多地方有相似之处，比如使用短传来保持球权、追求多人在局部区域内的传切配合等。

然而，在其他方面，巴萨队的打法又有着些许不同。

为了给持球球员提供更多的传球选项和线路，瓜迪奥拉的巴萨队严格遵循"433"阵形的基础站位，而且在保持球权的方面做得更为激进，连守门员也不被允许轻易使用长传球，以此来尽可能地保留球权。

西班牙队

其与西班牙队最大的区别,则是在丢失球权的时候,巴萨队不会选择退守后场,而是会对对手的持球球员和潜在的传球点位进行直接而猛烈的逼抢,从而夺回球权,尽可能多地削减对手的控球时间。

所以,就像巴萨队的"全攻全守"战术给了阿拉贡内斯在战术上的灵感一样,瓜迪奥拉和巴萨队的成功,也给了博斯克更多的灵感。

于是,博斯克的西班牙队开始向巴萨队学习,这一点在2010年世界杯预选赛上体现得淋漓尽致。

在这届预选赛中,西班牙队和波斯尼亚和黑塞哥维那队、土耳其队、比利时队、爱沙尼亚队、亚美尼亚队被分在一组。

作为2008年欧洲杯冠军,西班牙队在这个小组有着绝对的实力优势,尤其是在向巴萨队学习之后,西班牙队更是打遍天下无敌手。

10场比赛,西班牙队取得了全胜的战绩,毫无悬念地获得了小组第一名的成绩,而且除了胜利的结果之外,西班牙队进攻的火力也相当惊人,平均每场比赛可以打进2.8球,但平均每场比赛的丢球数只有0.5球。

然而,在2009年南非联合会杯上,以欧洲杯冠军的身份出战的

第七章　斗牛士王朝：盛世2010

西班牙队却遭遇了打击。

◆ 当头一棒，遭遇打击

在这一届联合会杯中，西班牙队与东道主南非队、伊拉克队、新西兰队被分在一组。这一阶段，西班牙队如同砍瓜切菜一般在3场比赛中取得全胜，而且在打进8球的同时，一球未失。

当时，西班牙队被认为是最有力的冠军竞争者之一。外界普遍认为，西班牙队和巴西队将会在决赛会师，争夺这一届联合会杯的冠军。

但是，西班牙队在半决赛中以0∶2的比分输给了美国队。

这场失利，导致西班牙队连续35场正式比赛不败的纪录被打破，博斯克的西班牙队在2008年之后，第一次遭受到重大的打击。

比赛中，当时的西班牙队还在采用"442"阵形，但和阿拉贡内斯所采用的中场四人平行站位的结构不同，博斯克采用了令哈维·阿隆索拖后，法布雷加斯和阿尔伯特·里埃拉分居哈维·阿隆索两侧，哈维站在最前面的菱形站位。

而作为西班牙队的对手，美国队主教练鲍勃·布拉德利采用了

西班牙队

横向站位非常紧凑的"442"阵形。

通过这一阵形和站位特点,美国队压缩了中场中路的空间,从而最大限度地破坏了西班牙队在中场中路的传球意图。这样一来,哈维、法布雷加斯等人也就无法给托雷斯和比利亚这对前锋组合送上传球。

当然,美国队选择压缩中场中路的空间,势必就会导致两条边路的空间被放出。然而,美国队并不担心这一点,因为西班牙队并不擅长接应边路传中的进攻,西班牙队自身也在尽力避免长距离的传球,这与美国队的防守重点不谋而合。

于是,两支球队在中场中路陷入了激烈的厮杀,西班牙队频频在中场区域出现失误,美国队就可以利用这些失误和西班牙队站位过于靠前的后卫线,形成自己的进攻。

最终,美国队在上、下半场中各进一球,以2∶0的比分击败了西班牙队,迫使西班牙队只能去参加季军赛。

而在季军赛上,西班牙队也险些出现问题。

面对同样摆出"442"阵形的南非队,西班牙队再次陷入了困局之中。比赛进行到第73分钟时,南非队率先进球,直至比赛进行到第88分钟,西班牙队才扳平比分,而且很快就打进了第二球,正当西班牙队认为自己即将赢得比赛的时候,南非队的卡特莱戈·姆菲

第七章 斗牛士王朝：盛世2010

拉完成了梅开二度，将西班牙队拖入了加时赛。

到了加时赛阶段，南非队没有继续进球，而哈维·阿隆索打进了西班牙队的第三球，才使得西班牙队以3∶2的比分艰难地战胜了南非队。

联合会杯并非重要的赛事，而且长久以来，联合会杯的冠军在第二年的世界杯上都没有特别好的表现，所以虽然没有夺冠，但博斯克并没有遭受严苛的批评。

但是，作为球队的教练，经历了这样两场比赛的困局，博斯克需要为球队找到继续前进的道路。

正是从2009年夏天的联合会杯之后，博斯克将西班牙队的阵形从"442"逐渐改为了"433"，这样一来，原本比利亚和托雷斯的双前锋组合就要被拆掉，位置被牺牲掉的人是托雷斯。

原因很简单，比利亚比托雷斯更矮，更灵活，也更轻巧，能与中前场其他的小个子队友更好地完成高位逼抢的工作。

和2008年欧洲杯相比，西班牙队在避免身体对抗的路上走得更远了一些。

不过，在这届失意的联合会杯上，博斯克也有收获。

博斯克将塞尔吉奥·布斯克茨逐渐确立为西班牙队的主力后腰，原来的主力哈维·阿隆索的位置就随之发生了变动。

西班牙队

凭借如此强大的中场实力，西班牙队在2010年世界杯开始之前的友谊赛取得了六连胜的战绩，击败了阿根廷队、法国队这些强大的对手，这让西班牙队对即将到来的世界杯充满了信心。

然而，在小组赛的第一场比赛中，西班牙队再次输球。

2010年世界杯小组赛阶段，西班牙队的第一个对手是瑞士队。

在这场比赛中，博斯克摆出了精心打造的"433"阵形，在前锋比利亚的左右两侧，分别是伊涅斯塔和大卫·席尔瓦，中场三人组则由哈维、哈维·阿隆索和布斯克茨组成。

所以，说是"433"阵形，但中、前场的6人当中，5人都是标准的中场球员，这让西班牙队的确获得了大量的球权，但面对瑞士队严密的中路防守，西班牙队始终找不到开展进攻的空间。

比赛进行到第52分钟，瑞士队打出反击，热尔松·费尔南德斯在队友的射门被卡西利亚斯扑出的情况下补射得手，凭借这一球，瑞士队让西班牙队吃到了"开门黑"。

在赛后接受采访时，瑞士队主帅奥特马尔·希斯菲尔德表示，美国队在联合会杯半决赛中战胜西班牙队的过程和结果，给了他和瑞士队在本场比赛战术思路上的灵感。

很显然，博斯克的西班牙队正面临危机，在打出统治性的表现之前，西班牙队首先要将胜利收入怀中。

第七章 斗牛士王朝：盛世2010

于是在第二场对阵洪都拉斯队的比赛时，博斯克做出调整。在比利亚之外，博斯克派上了第二个前锋托雷斯，还派上了边路"快马"赫苏斯·纳瓦斯。这势必会影响球队的控制能力，但也可以让西班牙队将压力施加到对手的身上，而不是徒劳地拿到控球权却无法制造威胁，从而空耗自身。

于是，西班牙队在这场比赛中终于回到了正轨。比利亚在上、下半场各进一球，发挥极其出色，尤其是上半场的进球，比利亚连续摆脱三名对手，用进球帮助西班牙队放松下来。最终西班牙队以2∶0的比分战胜了对手。

一场比赛的胜利，还不足以确保西班牙队拿到小组出线的名额，第三场对阵智利队的比赛，西班牙队依然不容有失。

这场比赛里，博斯克继续使用了比利亚和托雷斯两名前锋球员，但在阵形上重新回到了"433"的框架，而西班牙队打入的第一球也带有一定的偶然性。

面对长传球，智利队门将克劳迪奥·布拉沃弃门出击，但未能将球解围至界外，反倒踢到了比利亚的脚下，比利亚面对空门立刻起脚，帮助西班牙队首开纪录。

在比赛进行到第37分钟时，比利亚助攻伊涅斯塔打进了西班牙队的第二球。

西班牙队

虽然智利队在下半场开局后便扳回一球，但西班牙队将2∶1的比分保持到了比赛结束，最后以2胜1负的战绩获得了小组出线的名额，晋级淘汰赛。

◆ 随机应变，一路前行

虽然小组赛的结果不错，但西班牙队的表现显得磕磕绊绊，到了强度更高的淘汰赛阶段，西班牙队势必要面对更大的压力，这也给博斯克和球员制造了更大的难题。

尤其是在1/8决赛中，西班牙队将会面对克里斯蒂亚诺·罗纳尔多（简称"C罗"）率领的葡萄牙队。

在这场比赛中，博斯克重新采用了阿拉贡内斯在2008年欧洲杯上使用的中场平行站位的"442"阵形，顶在最前面的还是比利亚和托雷斯的双前锋组合。

大战当前，西班牙队该拾起前人的经验了。

比赛开始之后，虽然西班牙队制造了一定的威胁，但距离进球更近的是葡萄牙队。

毫不逊色的球员技术，加上C罗这样的超级球星，令葡萄牙队

第七章 斗牛士王朝：盛世2010

向西班牙队的球门展开了猛烈的攻势，如果不是卡西利亚斯"一夫当关，万夫莫开"的神勇发挥，西班牙队就要陷入比分落后的困境之中。

在比赛进行到第59分钟时，博斯克用高中锋费尔南多·略伦特换下托雷斯，从而给葡萄牙队后卫带来了更大的身体上的压力，也使得西班牙队在前场有了更多的持球空间，这是西班牙队取得比赛胜利的一个重要基础。

就在略伦特上场4分钟后，比利亚在左路接到哈维的传球，向葡萄牙队的球门连续发难，打进了全场比赛的唯一进球，西班牙队淘汰了在伊比利亚半岛上的邻居，晋级八强。

然而，在比赛结束的第二天，阿根廷媒体《奥莱报》表示，虽然西班牙队在对阵葡萄牙队时展现出了强大的韧劲，但其唯一的进球有越位嫌疑。

2010年世界杯，裁判组的工作质量并不完美，仅在1/8决赛时，就有数场比赛的判罚引发了争议，这个进球也是其中之一。

当时，比赛现场的大屏幕没有播放慢镜头，就连电视转播的信号也没给出高速摄像机捕捉到的影像。于是，巴西环球电视台在赛后通过3D影像还原，确认了《奥莱报》所言属实，在哈维传球的一瞬间，比利亚的身位超出越位线22厘米。

西班牙队

即便此球没有越位,西班牙队在对阵葡萄牙队的比赛时的表现,也不足以让西班牙队自己放松下来。在此后的比赛里,西班牙队仍然要小心谨慎。

1/4决赛,西班牙队的对手是巴拉圭队,这是八强中一个相对容易对付的对手,但西班牙队的表现仍然飘忽不定。

上半场比赛,双方互交白卷,但也都制造出了进球机会,巴拉圭队球员内尔松·巴尔德斯的进球因越位被判无效。

下半场,由于一连串的点球判罚,比赛突然变得紧张起来。第一个点球源于奥斯卡·卡多索在西班牙队的禁区内被杰拉德·皮克拉倒,然而巴拉圭队没能借此获得比分的领先,点球被卡西利亚斯扑出。西班牙队随后发动进攻,裁判判定比利亚被对手侵犯。哈维·阿隆索将点球罚入,但由于西班牙队球员提前进入禁区,裁判判罚进球无效,重罚点球,结果这一次哈维·阿隆索的点球被巴拉圭队门将尤斯托·比利亚尔扑出。

三次点球都未能改写比分,双方球员的情绪都处于大起大落之中。最终,西班牙队在比赛进行到第81分钟时取得进球,伊涅斯塔带球突破,为替补登场的佩德罗·埃列塞尔·罗德里格斯·莱德斯马(简称"佩德罗")送上破门机会,佩德罗的射门打在球门立柱上,球刚好弹到了比利亚的脚下,比利亚将球送入网窝,西班牙队

第七章 斗牛士王朝：盛世2010

以1∶0的比分险胜对手。

比赛结束后，博斯克在采访中承认西班牙队没有发挥出最佳状态，并且缺乏控球权。

从某种角度来说，这就是世界杯淘汰赛的常态，这里不会有一场轻松的比赛，更不会像预选赛、友谊赛那样，让西班牙队处于绝对的统治地位。

然而，西班牙队在看似跌跌撞撞的过程中已经创造了历史，这是西班牙队自1950年以来，首次进入世界杯半决赛。

在半决赛上，西班牙队遭遇强敌，对手是在2008年欧洲杯决赛上的对手——德国队。

经过两年的发展，德国队已经变得更加成熟，在此前两轮淘汰赛中，德国队都以4球分别战胜了英格兰队和阿根廷队，势头相当强劲。

很显然，这又是一场注定激烈的比赛。

本场比赛，博斯克再次做出了调整。

西班牙队依然派上了两名前锋，但除比利亚之外，另一名前锋是佩德罗。这样一来，西班牙队就得以使用四名中场球员，以此来解决在对阵巴拉圭队时出现的缺乏控球权的问题。

这两处调整，让西班牙队打出了一场精彩的比赛。

比赛开始之后，西班牙队就占据明显的优势，不仅拿到了预计

西班牙队

中更多的控球权,而且身材矮小的佩德罗在与高大笨重的德国队后卫较量时,充分展现了自己灵活的特点,为西班牙队制造了大量的进攻机会。

在前锋球员的带动下,伊涅斯塔、哈维等人的表现也相当亮眼,一切都在朝着有利于西班牙队的方向发展,只差进球。

在比赛进行到第73分钟时,进球终于到来。不是来自小个子球员之间的精妙配合,而是来自"泰山压顶"的角球进攻——后卫卡莱斯·普约尔为西班牙队一头"撞"开了胜利之门,西班牙队以1∶0的比分进军决赛。

这场比赛结束之后,博斯克喜笑颜开,西班牙队的表现相当不错,几乎是2010年世界杯开幕以来表现最好的90分钟。

尤其是对佩德罗的使用,刚好击中了德国队的弱点。

而另一边,德国队主帅尤阿希姆·勒夫也在采访中说自己甘拜下风,承认西班牙队的表现的确胜过德国队,而且他认为,西班牙队将赢得最精彩的决赛。

这一预测,当然会让同样参加决赛的荷兰队无法开心起来。在这届世界杯中,荷兰队的表现也非常出色,尤其是阿尔扬·罗本和韦斯利·斯内德,他们状态相当出色。

这都是西班牙队在决赛上要重点防范的对象,但荷兰队显然更忌惮西班牙队。

◆ 夺冠时刻，世界之巅

在决赛上，两支球队都没有做出太多的改动，尤其是西班牙队这边，中、前场沿用了对阵德国队时的安排。

这一选择，让西班牙队再次获得了控球权，但面对荷兰队的强硬防守，西班牙队也很难找到突破的方法，所以在开局阶段，西班牙队的进攻威胁反倒都来自边路传中。

为了限制西班牙队的进攻和控球，荷兰队在此后选择了犯规战术，因此被裁判多次判罚黄牌，这也使得荷兰队的队形变得更加狭窄和紧凑。而西班牙队因此前提的防线，也使得荷兰队的反击变得更具威胁。

在比赛进行到第62分钟时，荷兰队获得了全场比赛最好的一次破门机会，罗本接到斯内德的传球，形成了单刀球的机会，这个时候，卡西利亚斯拯救了西班牙队。面对罗本的射门，卡西利亚斯用脚改变了球的运行轨迹，让荷兰队错失了宝贵的机会。

而在罗本错失机会的6分钟后，进球如麻的比利亚即使在无人盯

西班牙队

防的情况下,也没能将队友送上的传中球变为进球。

于是,在两支球队都未能把握机会的情况下,比赛进入了加时赛。

在加时赛中,西班牙队逐步换下了体力不支的球员。当荷兰队球员约翰尼·海廷加被罚下后,西班牙队开始占据人数优势,并尝试着用球员的个人能力来制造最终的威胁,不过法布雷加斯的两次射门都未能改写比分。

在比赛进行到第116分钟时,法布雷加斯终于让荷兰队出现了失误。荷兰队球员拉斐尔·范德法特在解围传中球时,将球不慎踢到了法布雷加斯的脚下,法布雷加斯顺势将球传给了伊涅斯塔,伊涅斯塔凌空抽射,球直入球门死角。

进球之后的伊涅斯塔欣喜若狂,脱下球衣,向全世界展示自己早已准备好的写在T恤衫上的文字,向自己已故的好友、皇家西班牙人队球员丹尼尔·哈尔克表达哀思:

"我们始终与你同在,丹尼尔·哈尔克。"

此球一进,大势已定。比赛在4分钟后准时结束,西班牙队获得了历史上第一座世界杯冠军奖杯,而且成为继德国队和法国队之后,第三支连续获得欧洲杯冠军和世界杯冠军的球队。

从这一刻开始,西班牙队建立起了自己的"王朝"。

第七章　斗牛士王朝：盛世2010

成立八十余年以来，西班牙队始终不是世界足坛，甚至都不是欧洲足坛的一支劲旅，每每成绩稍有好转，紧接着就是一段漫长的衰退期。

曾几何时，只要西班牙队保持有国际大赛可打的节奏，西班牙队球迷就会感到满意，至于夺得世界杯冠军，则是西班牙队球迷从未奢望过的美梦，更不用说在两年内连夺国际大赛冠军了。

一批最好的球员碰到了最合适他们的战术，当他们正值当打之年的时候，可以将球队的传球、控球、提速都做到完美，也将球队推上了巅峰。

但有时候手握一把好牌比握一把烂牌更举步维艰，西班牙队就是这样。当时西班牙队的替补席上坐着各家俱乐部的明星球员，谁首发、谁替补都会掀起外界的一阵波澜。

西班牙队中的皇马队和巴萨队球员之间微妙的关系曾多多少少影响着西班牙队的成绩，博斯克作为皇马队出身的教练，给予了巴萨队球员充分的信任，他让西班牙队这个团体团结得更加紧密、相处得更加融洽。博斯克是一位天然的强队教练，更是一位超一流的国家队强队教练，他善于利用球员的优势和成型的战术，并且致力于调节球队内部气氛，有能力将一直将西班牙队传承下去并打磨得更加强大。

西班牙队

　　八十余年之后,西班牙队让自己的球迷成为最骄傲的一群人,他们所喜爱的西班牙队不仅夺得了冠军,还踢着世界上最"漂亮"的足球。

　　如何破解西班牙队的传控踢法已经成为当时世界足坛一道无解的难题,西班牙足球在世界足坛占据了统治性的地位,崛起已是不可阻挡之势。两年之后,西班牙队将第三次迎来属于自己的巅峰时刻。

第八章

斗牛士王朝：辉煌2012

> 连续夺得三届国际大赛的冠军，西班牙队不仅处于自己历史上的最好时期，甚至也成为自世界杯创办以来，第一支连续获得三届国际大赛冠军的球队。
>
> ——引语

西班牙队

◆ 再度出击，无锋战术

夺得2010年世界杯冠军之后，西班牙队回到祖国，在马德里举行了盛大的庆祝典礼。

这样的成绩让举国上下都无比兴奋，于是，2010年10月22日，博斯克与十位获得世界杯冠军的球员在奥维耶多的坎波阿莫剧院领取了"阿斯图里亚斯王子体育奖"。

在颁奖仪式前，博斯克特意邀请了西班牙队前主教练阿拉贡内斯，大家一起领取了这一奖项，而且博斯克在致谢中公开表示，西班牙队能够取得这一成就，其部分功劳也归功于阿拉贡内斯。

这段话，并不是客气。

在2010年世界杯中的西班牙队，在打法上的确和巴萨队的"433"阵形非常类似，但是其核心架构，依然是阿拉贡内斯的西班牙队。

在2008年欧洲杯中的西班牙队，始终都保持着"442"阵形，和此前的西班牙队不同的地方在于，阿拉贡内斯使用了伊涅斯塔和大卫·席尔瓦这样的中场球员来活跃边路的位置，而没有使用传统的

第八章 斗牛士王朝：辉煌2012

边锋球员。这是西班牙队能够控制住比赛的重要基础。

博斯克的西班牙队则在阵形上改为"433"，但除三个中场之外，博斯克在大多数比赛中都让伊涅斯塔打在一条边路上，另一条边路则交给前锋，与中锋组成双前锋。

不管是前半段的托雷斯和比利亚的组合，还是后半段比利亚和佩德罗的组合，本质上依然是双前锋的架构。

在2010年世界杯上，西班牙队的很多比赛都打得非常惊险，虽然结果是美好的，但西班牙队距离被淘汰也并不遥远。

甚至在不少比赛中，博斯克也需要通过调整和换人来扭转局面。

两届国际大赛，西班牙队的表现都不像同期的巴萨队在俱乐部赛事上那么具有统治力，所以，不能将西班牙队的战术思想归结为一个简单的单词，更不能认为西班牙队的表现就像"Tiki-Taka"所蕴含的意思那般轻松。

毕竟，西班牙队在2010年世界杯上，一共只打进了8球。

西班牙队的表现，更像是一种以多人之间的短传为手段，以控制比赛为目的的战术打法，和此前的国际大赛冠军球队所使用的战术一样，其中依然充满了实用主义的味道。

当然了，这种实用主义在面对2012年欧洲杯预选赛中的弱旅

西班牙队

时，完全没有必要。

2012年欧洲杯预选赛阶段，西班牙队和捷克队、苏格兰队、立陶宛队、列支敦士登队被分在一组。小组内的对手都不强，所以西班牙队几乎没有遇到实质性的抵抗，非常轻松地赢得了全部比赛的胜利，以小组第一的名次晋级2012年欧洲杯正赛。

相较于此，这届欧洲杯预选赛的最大意义是让比利亚打破了纪录。2011年3月25日，比利亚在西班牙队对阵捷克队的比赛中梅开二度，西班牙队以2∶1的比分获得胜利，比利亚凭借这两球超越劳尔，成为西班牙队"历史射手王"。

如此优秀的前锋球员，仍将是西班牙队的股肱之臣。但在2011年12月，比利亚胫骨骨折，根据医生的判断，比利亚将因伤缺席六个月的赛事。

尽管博斯克当时表示愿意给比利亚充足的时间，只要比利亚伤愈，博斯克甚至愿意先将其列入西班牙队的大名单中，但比利亚的恢复情况不达预期，还是错过了2012年欧洲杯。

受到这一打击，再加上托雷斯在俱乐部赛事的状态不佳，博斯克必须找到让西班牙队在没有优秀前锋的情况下，依然能够保持犀利的方法。

于是，博斯克又将目光看向了巴萨队。

第八章 斗牛士王朝：辉煌2012

2011年夏天，法布雷加斯加盟巴萨队。

半个赛季的时间，瓜迪奥拉都没有找到法布雷加斯的常规位置，法布雷加斯只能与伊涅斯塔和哈维共享两个位置，但在同样效力巴萨队的比利亚受伤之后，瓜迪奥拉开始了一项大胆的计划——将法布雷加斯放在了中锋的位置上。

法布雷加斯当然不是一名前锋，瓜迪奥拉很清楚这一点。瓜迪奥拉的真实计划是让法布雷加斯从前锋的位置回撤到中场区域，吸引对方的后卫一起移动，从而给两侧的边锋制造斜向插入后卫身后的空间。如果对方后卫选择不移动，那么法布雷加斯就会拥有充裕的得球空间，以帮助中场球员衔接后续的进攻。

这种战术打法在足球中有一个专业的术语——"伪九号"。

由于中锋球员通常穿9号球衣，而中锋球员的职责通常是突前作业，所以当中锋球员回撤作业时，就像是中锋球员在球场上的镜像版，所以在英文当中，将这种战术称为"伪九号"。

在足球战术的历史上，"伪九号"并不稀奇。迪斯蒂法诺效力于阿根廷的河床队时，就曾扮演这一角色，包括克鲁伊夫在球员时代，也曾是这种打法的代表人物。

凭借这一打法，法布雷加斯和巴萨队在2011—2012赛季后半程中表现出色，这也让博斯克有了灵感。

西班牙队

◆ 遭遇挑战，难阻前行

2012年欧洲杯小组赛，西班牙队和意大利队、克罗地亚队、爱尔兰队被分在一组。

首场比赛对阵意大利队时，博斯克就用法布雷加斯打起了"伪九号"的战术。然而，由于没有在正式比赛中操练过这一打法，所以西班牙队出现了很多失误，这让意大利队获得了很多的进攻机会，比赛的第一球也由意大利队打进。

但是，在比赛进行到第64分钟时，法布雷加斯没有辜负教练和队友的期望，用进球帮助西班牙队扳平比分，但也仅限于此。

两支强大的球队以1∶1的比分打成平局，谁能获得小组第一，将取决于各自和另外两支球队较量的结果。

"伪九号"的战术没有让西班牙队输掉比赛，但也没有赢得比赛。这让博斯克稍有动摇，于是在对阵爱尔兰队的比赛中，博斯克还是使用了托雷斯这位正印前锋。

在这场比赛中，托雷斯的表现非常出色。比赛开始仅仅4分钟，托雷斯就抓住机会，为西班牙队首开纪录，此后的时间里，托雷斯

第八章 斗牛士王朝：辉煌2012

还有多次机会改写比分，但直至比赛进行到第70分钟，托雷斯才完成了梅开二度。

不过在这之前，西班牙队已经领先于爱尔兰队两球，大卫·席尔瓦打进了西班牙队的第二球。比赛末段，托雷斯被法布雷加斯换下，法布雷加斯随后打进了西班牙队的第四球，西班牙队用一场大胜回击了来自场外的质疑。

第三场比赛，博斯克依旧选择信任托雷斯，西班牙队迎来了克罗地亚队的挑战。

这场比赛，克罗地亚队的防守做得相当出色，这让首发出场的托雷斯陷入了困境。受此影响，西班牙队的状态开始出现波动，这让博斯克下定了换人的决心。

比赛进行到第61分钟，托雷斯被法布雷加斯换下，这让西班牙队重新控制住了比赛，唯一的悬念就是西班牙队能否赶在比赛结束前收获进球了。

最终，西班牙队在比赛进行到第88分钟时，终于凭借纳瓦斯的进球击败克罗地亚队，以2胜1负的战绩晋级八强。

到了1/4决赛，西班牙队对阵法国队。在最关键的中锋位置，博斯克选择了法布雷加斯。

法布雷加斯的登场，让西班牙队获得了诸多优势。在比赛进行

西班牙队

到第19分钟时,西班牙队就取得了进球,哈维·阿隆索头球破门,帮助西班牙队取得比分上的领先优势。

在此后的时间里,西班牙队依然在制造机会,法布雷加斯也有着出色的表现,但并未改写比分。下半场比赛,博斯克换上了托雷斯,这并没有让西班牙队的进攻变得更加犀利,反倒是佩德罗在比赛最后时刻制造的点球,让哈维·阿隆索上演了其职业生涯很罕见的梅开二度。

西班牙队以2:0的比分淘汰了法国队。这场比赛的过程和结果,至少让博斯克对托雷斯不再报以希望。

西班牙队在半决赛对阵C罗领衔的葡萄牙队,博斯克没有使用法布雷加斯,也没有使用托雷斯,而是让在本届欧洲杯仅出场一分钟的替补前锋阿尔瓦罗·内格雷多首发出战。

很显然,这是博斯克的策略。

上半场比赛,西班牙队没能进球,甚至也没能掌控比赛,这让葡萄牙队获得了不少攻门的机会,但在卡西利亚斯的左扑右挡之下,葡萄牙队无功而返。

比赛进行到第54分钟时,首发的内格雷多就被法布雷加斯换下,这是西班牙队开始进攻的真正信号。然而,面对队友制造的好机会,伊涅斯塔的射门被葡萄牙队门将鲁伊·帕特里西奥扑出。

0∶0的比分一直保持到了加时赛结束，两支球队将通过点球大战来分出胜负。虽然第一个出场的哈维·阿隆索没能将点球罚进，但葡萄牙队的若昂·穆蒂尼奥和布鲁诺·阿尔维斯同样出现了失误，这让第五个出场的法布雷加斯成为关键人物。

走上点球点，法布雷加斯沉着应对，将点球罚入，也将西班牙队送入了决赛。

◆ 无敌之师，荣耀卫冕

2012年欧洲杯决赛，西班牙队又遇到了在小组赛阶段未分出胜负的意大利队。

兜兜转转，西班牙队到了决赛，又用回了在小组赛第一场的"伪九号"战术，而意大利队则在比赛的过程中调整自己的战术。

这一变动，让西班牙队获得了在两支球队第一次对阵时都未曾有过的优势。

比赛开始仅仅14分钟，西班牙队就收获进球，大卫·席尔瓦帮助西班牙队取得领先优势。此后的意大利队尝试着扳平比分，但始终没有奏效。在上半场临近结束时，西班牙队的霍尔迪·阿尔瓦打

西班牙队

进球队的第二球。

下半场比赛，局势的天平依然在向西班牙队倾斜。意大利队第三个替补登场的球员——蒂亚戈·莫塔，在上场4分钟后就不幸受伤，由于意大利队用完了所有的换人名额，意大利队在比赛的最后30分钟不得不少打一人。

这让比赛失去了悬念，托雷斯在比赛进行到第75分钟时登场，他在收获进球的同时，也为队友送出助攻。最终，西班牙队以4：0的比分大胜意大利队，成功卫冕欧洲杯。

凭借这次夺冠，博斯克成为继德国队教练赫尔穆特·舍恩之后，第二位夺得欧洲杯冠军和世界杯冠军的教练。

连续夺得三届国际大赛的冠军，西班牙队不仅处于自己历史上的最好时期，甚至也成为自世界杯创办以来，第一支连续获得三届国际大赛冠军的球队。

当时，外界普遍认为西班牙队的"王朝"还能延续下去，因为西班牙队的不少球员依然非常年轻，至少夺得2013年巴西联合会杯冠军是很有可能发生的事情。

然而，西班牙队还是没能在这项赛事上如愿。

2013年巴西联合会杯，西班牙队在小组赛中相继战胜了乌拉圭队、塔希提队和尼日利亚队。进入半决赛之后，西班牙队又遇到了意大利队。

这一次，西班牙队没能取得一场大胜，0∶0的比分一直保持到加时赛结束，两支球队在点球大战中也鏖战到了第七轮才分出胜负，西班牙队终于进入了联合会杯的决赛。

但在决赛上，西班牙队的"433"阵形未能奏效，托雷斯和比利亚接力出场，也未能帮助西班牙队取得进球，反倒是巴西队的内马尔大放异彩，帮助巴西队以3∶0的比分完胜西班牙队。

然而，这还不是西班牙队在那段时间遭遇的唯一挫折。

在2014年世界杯预选赛中，西班牙队和法国队、芬兰队、格鲁吉亚队、白俄罗斯队被分在一组。

在取得两连胜之后，西班牙队在主场以1∶1的比分战平了法国队。如果说法国队实力强劲，这一场平局不足为怪的话，那么在接下来的比赛中，西班牙队在主场又以1∶1的比分战平了名不见经传的芬兰队，这就有些说不过去了。

当然了，这两场平局是西班牙队在这届世界杯预选赛期间仅有的挫折。剩余的6场比赛，西班牙队取得了全胜的战绩，这让西班牙队依然以小组第一名的身份晋级到了2014年世界杯正赛。

可是，隐患的种子已经埋下。

西班牙队

◆ 遭遇反噬，噩梦到来

2013年，皮克在接受《米兰体育报》的采访时承认，由于过度依赖"Tiki-Taka"这种战术，对于对手来说，巴萨队的比赛战术变得可以预测。

在采访中，皮克说了这样一句话："也许我们最终过于依赖比赛风格，以至于我们发现自己成为那种风格的奴隶。"

当然了，皮克在采访中实际上是夸奖了来自阿根廷的巴萨队新任主帅赫拉多·马蒂诺，在皮克看来，新任主帅让巴萨队的风格变得更为多元。

然而，俱乐部可以用外援和外教冲击已经僵化的比赛风格，但是西班牙队和博斯克做不到这一点。

于是，西班牙队遭到了反噬。

2014年世界杯小组赛，西班牙队和荷兰队、智利队、澳大利亚队被分在一组。

首场比赛，面对2010年世界杯决赛的手下败将，西班牙队彻底崩溃。在哈维·阿隆索用点球为西班牙队首开比分之后，荷兰队用

第八章 斗牛士王朝：辉煌2012

一次次的快速进攻报复了西班牙队。

90分钟的比赛结束后，比分变成了1∶5。这场失利使西班牙队成为第一支在世界杯正赛丢掉5球的世界杯冠军球队，这也是西班牙队自1963年以来最惨重的一次失利。

这样一场大败，足以击垮所有人的信心。

在第二场比赛中，西班牙队以0∶2的比分输给了智利队，遭遇了小组赛两连败，这场失利让西班牙队提前一轮锁定了被淘汰出局的结果。

第三场面对澳大利亚队的比赛，成为西班牙队在2014年世界杯的最后一场比赛。

于是，在最后一场比赛中，博斯克派上了比利亚、托雷斯和一些替补球员。

在这样一场毫无意义的比赛里，球员用3∶0的结果告慰了黯然神伤的博斯克和西班牙队球迷。比利亚和托雷斯各进一球，可惜的是，这已经无法扭转西班牙队的命运。

比赛结束后，博斯克表示自己愿意随时辞去西班牙队主帅的职务，但西班牙足协并未推动此事。

从球员到足协，大家都愿意相信，这只是一场噩梦，既然是噩梦，就会醒来。

西班牙队

然而,这不是噩梦,而是现实。

第九章

斗牛士再出发：重新起航

> 审美会过时，所以相较于比赛中那些漂亮的配合，唯有奖杯才是经久不衰的。
>
> ——引语

西班牙队

◆ 跌下神坛，辉煌难现

2014年世界杯结束后，博斯克留任，但哈维、比利亚和哈维·阿隆索宣布退出西班牙队。

博斯克身边的旧将只剩下伊涅斯塔和法布雷加斯等人，但随着时间的推移，这些球员的年龄也变得越来越大。

所以，即便博斯克想要证明在2014年发生的事情都是意外，他也需要为西班牙队更新换代。于是，西班牙队在2014年世界杯结束后，便早早开始了针对2016年欧洲杯预选赛的准备工作。

2016年欧洲杯预选赛，西班牙队和斯洛伐克队、乌克兰队、白俄罗斯队、卢森堡队、马其顿队被分在一组。

10场比赛，西班牙队取得了9胜1负的出色战绩，而且在这10场比赛中，西班牙队仅丢两球，一切似乎都回到了最开始的时候。

更让西班牙队球迷感到欣慰的是，博斯克所选拔的年轻球员表现都很出色：帕科·阿尔卡塞尔打进5球，成为这个小组的射手王；弗朗西斯科·罗曼·阿拉尔孔·苏亚雷斯（昵称"伊斯科"）、阿尔瓦罗·莫拉塔和已经在2014年世界杯中出场过的归化球员迭戈·科

第九章 斗牛士再出发：重新起航

斯塔都有进球入账。

然而，到了2016年欧洲杯正赛阶段，西班牙队回到了2008年之前的样子。

小组赛阶段，西班牙队和克罗地亚队、土耳其队、捷克队被分在一组。

首场比赛，凭借皮克在比赛进行到第87分钟时的进球，西班牙队艰难地以1∶0的比分战胜捷克队。第二场比赛，西班牙队才让人看到了一些希望，以3∶0的比分战胜了土耳其队。

两连胜的战绩，让西班牙队锁定了小组出线的名额。但在与克罗地亚队的小组头名之争中，西班牙队在先进一球的情况下，在上、下半场临近结束时被克罗地亚队各进一球，生生地将比分优势浪费，只能以小组第二的成绩晋级淘汰赛。

这一结果，导致西班牙队在1/8决赛就遇到了意大利队。

2016年欧洲杯上的意大利队，实力并不强大，甚至可以说有些平庸。

然而，在这场比赛中，西班牙队在强硬的意大利队面前暴露了自己传控能力上的弱点，徒有控球而无威胁的问题再次困扰了西班牙队。

最终，西班牙队以0∶2的比分不敌意大利队，早早地结束了

西班牙队

2016年欧洲杯的征程。

2016年欧洲杯结束后,博斯克宣布辞职,并且彻底结束了自己的教练生涯。

这不仅是一个西班牙队教练职业生涯的结束,也是西班牙队"王朝"的结束。

2016年夏天,胡伦·洛佩特吉成为西班牙队的新任教练。当时,洛佩特吉的优势是在2010年至2014年期间,曾担任西班牙青年队的教练,带领西班牙青年队获得了2012年欧洲19岁以下青年足球锦标赛的冠军和2013年欧洲21岁以下青年足球锦标赛的冠军。

那时,伊斯科就是洛佩特吉执教西班牙21岁以下青年队时的球员。

所以,洛佩特吉上任之后,立刻开始了以伊斯科为核心的建队工作。

在2018年世界杯预选赛中,这项工作让西班牙队取得了成绩。10场比赛,西班牙队获得9胜1平的战绩,力压意大利队位列小组头名,成功获得了2018年世界杯正赛的参赛资格。

而在进球数上,伊斯科和莫拉塔、迭戈·科斯塔、大卫·席尔瓦一样,都打入5球。

第九章 斗牛士再出发：重新起航

正当西班牙队球迷重新满怀期待的时候，一场意外让西班牙队大受打击。

2018年6月12日，在西班牙队已经抵达世界杯举办地——俄罗斯，并准备在3天后参加第一场比赛的时候，皇马队宣布洛佩特吉将在世界杯结束后接任皇马队主教练。

要知道，在5月22日，洛佩特吉才刚刚与西班牙足协续约至2020年。

这一决定显然让西班牙足协高层强烈不满，并且，西班牙队内部也因为这一事件出现了严重的分裂。

在这种情况下，6月13日，西班牙足协决定解雇洛佩特吉，体育总监耶罗则担任西班牙队的临时主教练。

临阵换帅向来是兵家大忌，万幸的是，西班牙队所在的小组中只有葡萄牙队一个强敌，剩下的伊朗队和摩洛哥队都不足以威胁到西班牙队的地位。

第一场比赛，西班牙队与葡萄牙队以3∶3的比分战平，至少说明球队的表现还在水准之上。第二场比赛，凭借迭戈·科斯塔的进球，西班牙队以1∶0的比分取胜。

这场比赛的胜利非常关键，因为在最后一场比赛中，西班牙队一度以1∶2的比分落后，在比赛的伤停补时阶段，雅戈·阿斯帕斯

西班牙队

才帮助西班牙队扳平比分。

最终,西班牙队以5分的战绩获得小组第一名的成绩,而位居小组第三名的伊朗队拿到了4分。

和2016年欧洲杯一样,西班牙队在1/8决赛中遇到了一个十分强悍的对手,这支球队正是东道主俄罗斯队。

虽然西班牙队在比赛的开局阶段就制造了俄罗斯队球员的乌龙球,从而取得了领先优势,但在上半场尚未结束时,俄罗斯队就将比分扳平。

1∶1的比分一直保持到了加时赛结束,在点球大战中,西班牙队两人罚丢,俄罗斯队则全部罚中,西班牙队止步于2018年世界杯十六强阶段。

◆ 低谷延续,未能复苏

在这样一届混乱而失败的世界杯之后,伊涅斯塔和法布雷加斯也退出了西班牙队。

对于新任教练来说,西班牙队所剩不多的"优点"就是西班牙队已经跌到了谷底,而且没有了老将的牵绊,新任教练可以完全按

第九章 斗牛士再出发：重新起航

照自己的想法建设球队。

这位新任教练，就是恩里克。

不过，恩里克并没有时间来试错，因为在2018年，欧洲国家联赛这项全新的赛事正式被创立，在2018—2019赛季的欧洲国家联赛小组赛，西班牙队和英格兰队、克罗地亚队被分在一组。

尽管两个对手都是2018年世界杯的四强球队，但是西班牙队在前两场比赛都取得了胜利。尤其是以6∶0的比分大胜克罗地亚队的结果，更是给了西班牙队球迷一个大大的惊喜。

然而在后两场比赛中，西班牙队都以2∶3的比分输给了对手，最后以2胜2负的战绩排在小组第二名，无缘淘汰赛。

对于当时的欧洲球队来说，欧洲国家联赛带有浓厚的友谊赛性质，所以没有多少球队认真对待。大家都认为，最重要的还是2020欧洲杯预选赛。

在预选赛中，西班牙队与瑞典队、挪威队、罗马尼亚队、法罗群岛队和马耳他队被分在一组。10场比赛后，西班牙队取得了8胜2平的战绩，毫无悬念地取得了小组第一名的成绩。

然而，几乎整届预选赛，恩里克都没有站在场边指挥。由于女儿的去世，自2019年3月10日起，恩里克就没有再指挥西班牙队的比赛，助理教练罗伯特·莫雷诺代行了西班牙队主教练的

西班牙队

职务。

6月19日，恩里克宣布辞职。

然而，就在罗伯特·莫雷诺带队打完预选赛的所有比赛之后，2019年11月19日，西班牙足协确认恩里克重返西班牙队。

预选赛的节节胜利，让罗伯特·莫雷诺有了带队征战欧洲杯的想法，这也使得恩里克与罗伯特·莫雷诺之间发生了龃龉，从而引发了一系列的争议。

如果欧洲杯照常举行，西班牙队或许还没有准备好，因为球队内仍有像拉莫斯这样的老将，年轻球员则还没有成长起来，更何况还有教练位置的更迭，这都会影响到西班牙队的表现。

所以，受到新冠疫情的影响，欧洲杯延期一年举行，这反倒让西班牙队有了更多的时间来消化这些事情。

于是，在2020年底率先举行的2020—2021赛季欧洲国家联赛中，西班牙队表现不错。

小组赛阶段，西班牙队只输掉了1场对阵乌克兰队的客场比赛，剩余的5场比赛，西班牙队取得了3胜2平的战绩。尤其是在最后一场比赛中，西班牙队在主场以6∶0的大比分战胜德国队，让西班牙队球迷开心不已。

这样的战绩，让西班牙队以小组第一的成绩获得了淘汰赛的参赛资格。或许其他欧洲球队并不在乎，但如果能获得冠军奖杯，就会对重塑西班牙队的信心有着显而易见的好处。

淘汰赛阶段的比赛被安排在了2021年夏天的欧洲杯之后进行。所以，西班牙队首先要在欧洲杯上取得足够好的成绩，否则，恩里克不见得能带领球队参加欧洲国家联赛淘汰赛阶段的比赛。

在2021年举办的这届欧洲杯，采用了无主办国的巡回赛模式，全部比赛被分散在欧洲的11座球场来举行，西班牙队从而获得了在塞维利亚的拉卡图哈体育场比赛的优势。

小组赛阶段，西班牙队和瑞典队、斯洛伐克队、波兰队被分在一组。3个对手中，稍微具备一些实力的球队就是瑞典队，所以在首场比赛中，西班牙队并未战胜瑞典队，两队互交白卷。

接下来，面对罗伯特·莱万多夫斯基领衔的波兰队，西班牙队没能将莫拉塔的进球转化为胜利，还是让莱万多夫斯基收获了进球，结果依然是一场比分为1∶1的平局。

最后一场比赛，西班牙队需要获胜才能最大限度地保证小组出线的名额不被其他球队夺走。到了这个时候，球队终于打出了应有的水平。

从比赛进行到第30分钟开始，西班牙队开始源源不断地收获进球，最终以5∶0的比分战胜了斯洛伐克队，但打入的5球中有两球是

西班牙队

斯洛伐克队球员的乌龙球。

所以,西班牙队的表现依然不够稳定,或者说不够有竞争力,这一点到了淘汰赛也依然如此。面对在2018年曾经以6∶0的比分大胜的克罗地亚队,西班牙队在一度以3∶1的比分领先的情况下,在比赛进行到第85分钟之后连丢两球,被克罗地亚队生生地拖进了加时赛。

加时赛阶段,西班牙队再进两球,才以5∶3的比分战胜了克罗地亚队,晋级下一轮。

1/4决赛,西班牙队遇到了瑞士队。

虽然西班牙队在比赛的开局阶段就制造了瑞士队球员的乌龙球,但在之后的时间里,占据优势的西班牙队没能扩大比分的优势,反而在比赛进行到第68分钟时,被瑞士队扳平了比分。

1∶1的比分保持到了加时赛结束,比赛进入到点球大战的阶段。前三轮,西班牙队就罚丢了两球,然而瑞士队的失误比西班牙队更为严重,于是西班牙队跌跌撞撞地成为欧洲杯四强球队。

不管怎么说,晋级半决赛已经超出了西班牙足协和球迷的期待,所以在这场对阵意大利队的半决赛中,西班牙队反而发挥得不错。

西班牙队球员创造了不少机会,但率先进球的还是意大利队。

第九章 斗牛士再出发：重新起航

这场比赛中，恩里克通过让莫拉塔替补登场，给意大利队在比赛末段制造了巨大的压力，而这一决定也挽救了西班牙队。在比赛进行到第80分钟时，替补登场的莫拉塔扳平比分，为西班牙队争取到了额外的机会。

加时赛上，两支球队都未能改写比分，所以比赛再次进入点球大战。这一次，西班牙队的点球主罚情况还是不佳，丹尼尔·卡瓦哈尔和莫拉塔都罚丢了点球，意大利队只罚丢了一球。西班牙队在2020欧洲杯的征程便止步于此。

3场淘汰赛，西班牙队均未能在常规时间内战胜对手，这样的表现说明了西班牙队仍在复苏当中。但四强的结果是扎扎实实的，因此外界认为西班牙队在恩里克的手上的确有了进步。

2020欧洲杯结束之后，2020—2021赛季欧洲国家联赛的淘汰赛阶段正式开打。西班牙队在半决赛上的对手是意大利队，凭借费兰·托雷斯的梅开二度，西班牙队以2∶1的比分战胜对手，闯进决赛。

冠军就在眼前，西班牙球员都振奋起来，但挡在西班牙队和奖杯之间的对手是强大的法国队。比赛中，西班牙队与法国队耐心周旋，直至比赛进行到第64分钟时，米克尔·奥亚萨瓦尔帮助西班牙队首开纪录。但仅仅两分钟过后，卡里姆·本泽马就为法国队扳平

西班牙队

了比分，随后基利安·姆巴佩打进将比分反超的一球。

最终，西班牙队这次没有了进入加时赛的运气，以1∶2的比分不敌对手，屈居亚军。

这个战绩依然不错，毕竟谁也没想到西班牙队居然还能接近夺冠，所以在2020欧洲杯之后的那段时间，恩里克的日子过得非常舒心。

西班牙队在大赛中的成绩不错，在2022年世界杯的预选赛中也保持着领先地位，并且这一领先地位一直保持到了预选赛结束。

8场比赛，西班牙队获得了6胜1平1负的战绩，以小组第一的名次晋级2022年世界杯正赛。

在2022年世界杯开始之前，西班牙队在2022—2023赛季的欧洲国家联赛中也表现不错。

小组赛阶段，西班牙队再次以3胜2平1负的战绩获得了小组第一名，从而也获得了淘汰赛阶段的参赛资格。3场胜利中，西班牙队分别战胜了小组中的3个对手：葡萄牙队、瑞士队和捷克队。

一切似乎都在朝着有利于恩里克和西班牙队的方向发展，然而就在2022年底举办的世界杯上，恩里克遭遇了滑铁卢。

小组赛阶段，西班牙队和德国队、日本队、哥斯达黎加队被分在一组。

第九章 斗牛士再出发：重新起航

这个小组中的对手看似很容易对付，因为小组内理论上实力最强的德国队正处于动荡之中。第一场比赛，西班牙队以7∶0的大比分横扫哥斯达黎加队，这似乎已经为西班牙队铺好了通往小组第一的道路。

第二场比赛对阵德国队时，西班牙队没能取胜，莫拉塔的进球让西班牙队一度取得领先优势，但德国队在比赛末段将比分扳平为1∶1。没能战胜德国队已经让人有些失望，但很多人还可以理解。

然而，在小组赛第三场比赛中，西班牙队再次丢失1∶0的领先优势，在3分钟内就被日本队反超了比分，并且再也没能改写这个比分。

如果不是第一场大胜哥斯达黎加队带来的净胜球优势，西班牙队和德国队谁能从小组中出线，还是一个问题。

小组赛的最后一场输给日本队，西班牙队球迷还可以安慰自己——毕竟德国队也输给了日本队，这说明日本队已并非吴下阿蒙。

但是在1/8决赛中，面对此前名不见经传的摩洛哥队，西班牙队穷尽120分钟都没能收获进球，还被摩洛哥队拖入点球大战，就让西班牙队球迷无法接受了。

西班牙队

而且在这一次,西班牙队没有了2021年夏天的运气。三轮点球,西班牙队悉数罚丢,无一命中,这让摩洛哥队以非常轻松的方式赢得了点球大战,也让西班牙队早早地结束了2022年世界杯的征程。

◆ 星光闪现,更新换代

尽管摩洛哥队在后续的比赛中超常发挥,甚至一路打进了半决赛,但这一切并不能用来为恩里克开脱,恩里克自己也明白这一点。所以在西班牙队被淘汰之后,恩里克宣布不再与西班牙足协续约,合同到期后自动离职。

恩里克的时代,西班牙队已经征召了包括佩德罗·冈萨雷斯·洛佩斯(昵称"佩德里")、巴勃罗·马丁·派斯·加维拉(昵称"加维")这些新一代的年轻才俊,所以在恩里克离开之后,如果新教练能够帮助年轻球员茁壮成长,那自然是最好不过了。

于是,曾经带领佩德里和同年龄段的队友征战2020东京奥运会足球赛事的路易斯·德拉富恩特自然进入了西班牙足协的视线中。

2022年12月12日,德拉富恩特被正式任命为西班牙队主帅,合同有效期至2024年欧洲杯结束。

所以，对于德拉富恩特来说，首要的任务是带领球队晋级2024年欧洲杯正赛。

预选赛阶段，西班牙队和苏格兰队、挪威队、格鲁吉亚队、塞浦路斯队被分在一组。虽然西班牙队在第二场比赛中以0∶2的比分不敌苏格兰队，让德拉富恩特承受了一些批评，但这场比赛是西班牙队在8场比赛里的唯一失利。

剩余的7场比赛，西班牙队取得全胜的战绩，其中就包括以7∶1的比分大胜格鲁吉亚队。在这场比赛中，西班牙队迎来了一项全新的纪录。

2023年9月1日，德拉富恩特征召年仅16岁零50天的拉明·亚马尔来参加2024年欧洲杯预选赛对阵格鲁吉亚队和塞浦路斯队的比赛。

在对阵格鲁吉亚队的比赛中，亚马尔首次代表西班牙队出场，并在比赛进行到第74分钟时进球。亚马尔以16岁零57天的年龄成为代表西班牙队最年轻的出场球员和进球者，打破了加维在17岁零62天首次亮相和在17岁零304天首次进球的两项纪录。

除此之外，亚马尔还成为欧洲杯预选赛历史上最年轻的进球者，打破了威尔士队球员加雷思·贝尔在17岁零83天获得进球的

西班牙队

纪录。

在此之前，西班牙队还收获了一座冠军奖杯。

2022—2023赛季欧洲国家联赛的淘汰赛阶段，西班牙队在半决赛上以2∶1的比分战胜了意大利队，再次获得了进军决赛的机会。

这一次，西班牙队没有和冠军失之交臂。在120分钟的比赛时间里，西班牙队没有失误。虽然也没有攻破克罗地亚队的球门，但德拉富恩特的球队践行阿拉贡内斯和博斯克时期的优点，将防守做得足够出色，才有希望角逐冠军。

在点球大战中，西班牙队历经六轮点球，终于等到了克罗地亚队率先出现失误，最终夺得了这一座欧洲国家联赛的冠军奖杯。

可以这么说，西班牙队的确不在自己最好的时期，但一批极具潜力的球员正在不断涌现，如果德拉富恩特调教得当，还是有希望在未来成就一番事业。

对于一个从青年队的岗位开始做起的教练，这一切可能没有那么难。

凭借过去这一年的优异表现，德拉富恩特与西班牙足协的合同延期到了2026年，这意味着西班牙足协对德拉富恩特更加信任。

2024年3月，西班牙队在首场热身赛中以0∶1不敌哥伦比亚队，输掉这场比赛后，西班牙队球迷对西班牙队在2024年欧洲杯上的

第九章 斗牛士再出发：重新起航

表现充满了担忧。西班牙队也明知自己急需一场令人信服的胜利来重振士气，球队不希望在欧洲杯上重蹈覆辙，而是希望能够挽回颓势，重新确立自己的地位。

于是，西班牙队将全部精力都投入到第二场与巴西队的比赛中，这也是西班牙队在欧洲杯开幕前的最后一场比赛。

对于西班牙队来说，与巴西队的对决并非只是一场普通的热身赛，而是一次考验实力的重要机会。巴西队一直以来都是世界足坛的豪门球队之一，其技术和战术都备受瞩目。对于西班牙队而言，能够在这样的对手面前取得胜利将意味着重新获得信心和外界对自己的尊重。

在一场激战过后，双方最终以3∶3握手言和。虽然西班牙队没有取得胜利，但这支球队展现了出色的进攻火力和团队合作精神，不断给对手制造威胁。亚马尔、莫拉塔等球员都展现了极其出色的技术，前两人更是为球队贡献了进球和助攻。

虽然比赛的结果不尽如人意，但这场热身赛为西班牙队征战2024年欧洲杯提供了许多宝贵的经验。西班牙队在与强大对手的对决中展现出了顽强的意志和出色的实力，让球队更加明确了自己在欧洲杯上的目标和使命。

不过，一座欧洲国家联赛冠军奖杯还是不够，西班牙队在2024

西班牙队

年前两场热身赛中的表现也不足以让绝大多数西班牙队球迷信服，德拉富恩特需要证明西班牙队在2024年欧洲杯上也有能力打出出色的表现。

审美会过时，所以相较于比赛中那些漂亮的配合，唯有奖杯才是经久不衰的。

经典瞬间

对于任何一支球队来说，在浩瀚的历史长河中，都会诞生很多的经典瞬间。这些瞬间，是球迷津津乐道的话题，也是球星绽放光彩的时刻。定格精彩的进球、争议的判罚、完美的配合、顽强的防守、伟大的扑救……珍藏这些难以忘怀的瞬间。

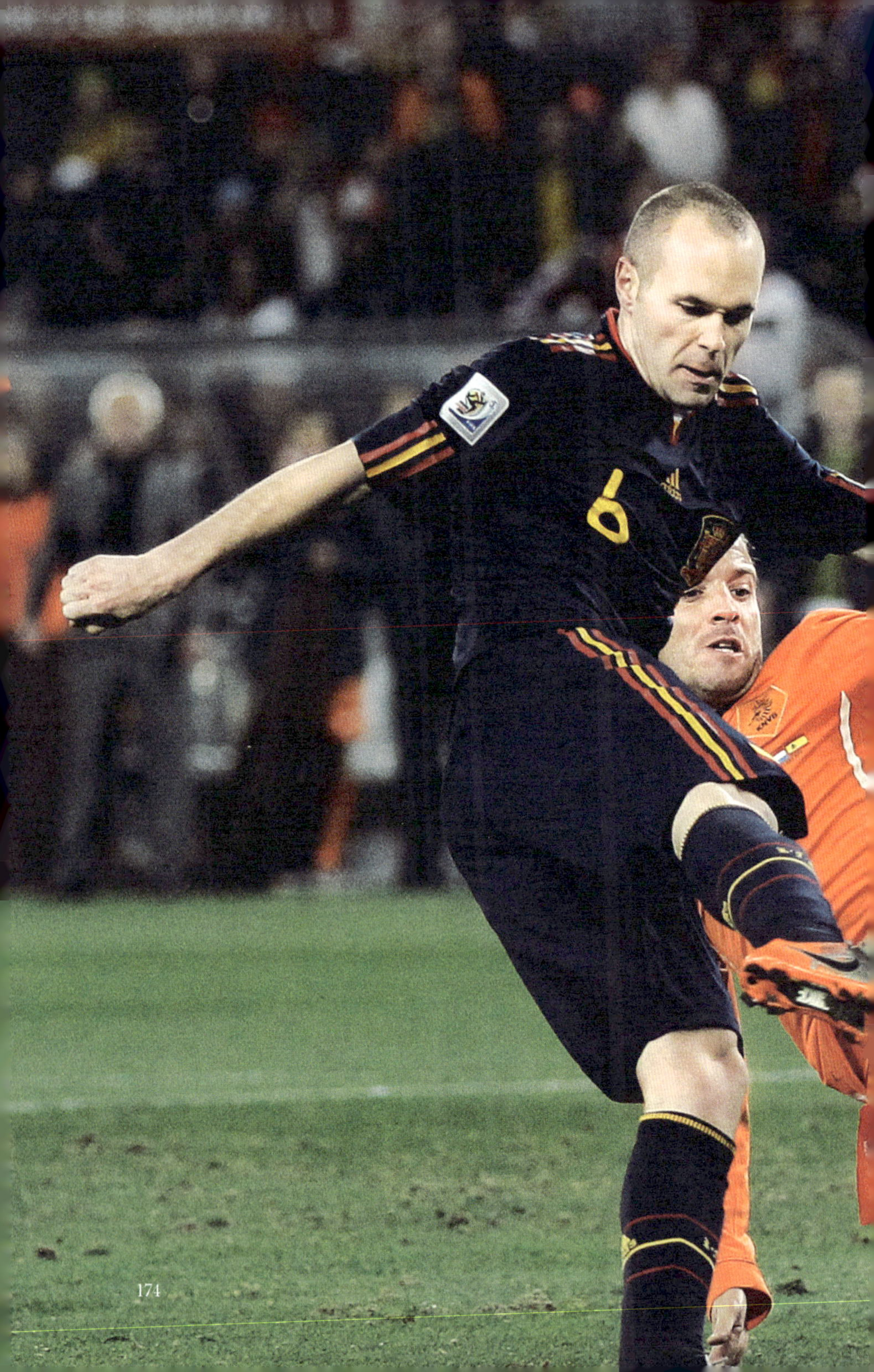

一剑封喉

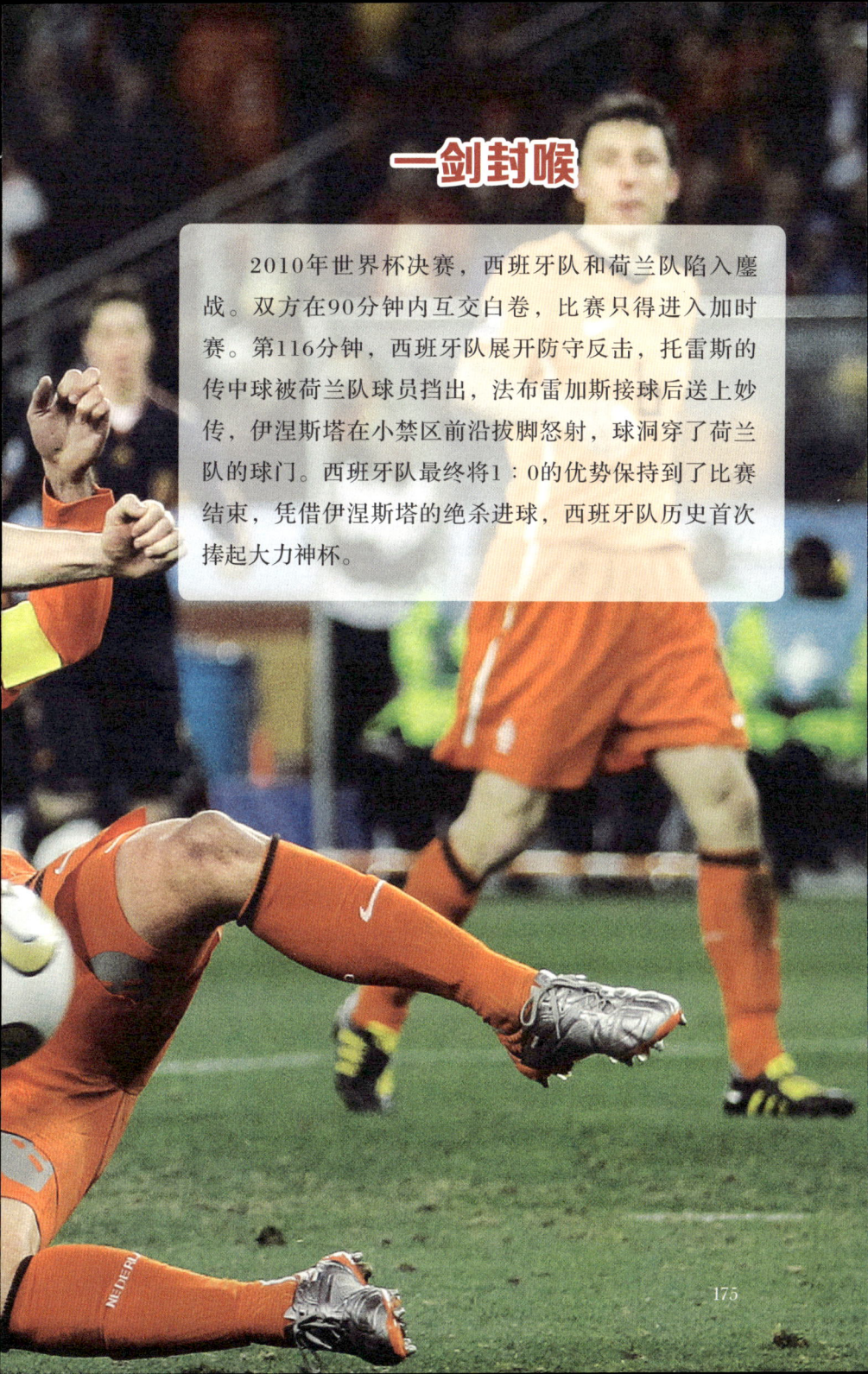

2010年世界杯决赛，西班牙队和荷兰队陷入鏖战。双方在90分钟内互交白卷，比赛只得进入加时赛。第116分钟，西班牙队展开防守反击，托雷斯的传中球被荷兰队球员挡出，法布雷加斯接球后送上妙传，伊涅斯塔在小禁区前沿拔脚怒射，球洞穿了荷兰队的球门。西班牙队最终将1∶0的优势保持到了比赛结束，凭借伊涅斯塔的绝杀进球，西班牙队历史首次捧起大力神杯。

世界名画

2012年欧洲杯小组赛,西班牙队对阵意大利队。彼时的伊涅斯塔正处在职业生涯的巅峰期,他在中场的组织调度已经臻入化境,意大利队对他更是严防死守。伊涅斯塔在一次进攻中陷入对方的围追堵截,意大利队的蒂亚戈·莫塔、克里斯蒂安·马乔、克劳迪奥·马尔基西奥、莱奥纳尔多·博努奇和吉奥吉奥·基耶利尼,五人集体扑向伊涅斯塔,面对这样的包夹防守,伊涅斯塔仍旧从容地将球传给了队友。这也缔造了世界足坛的一个名场面。

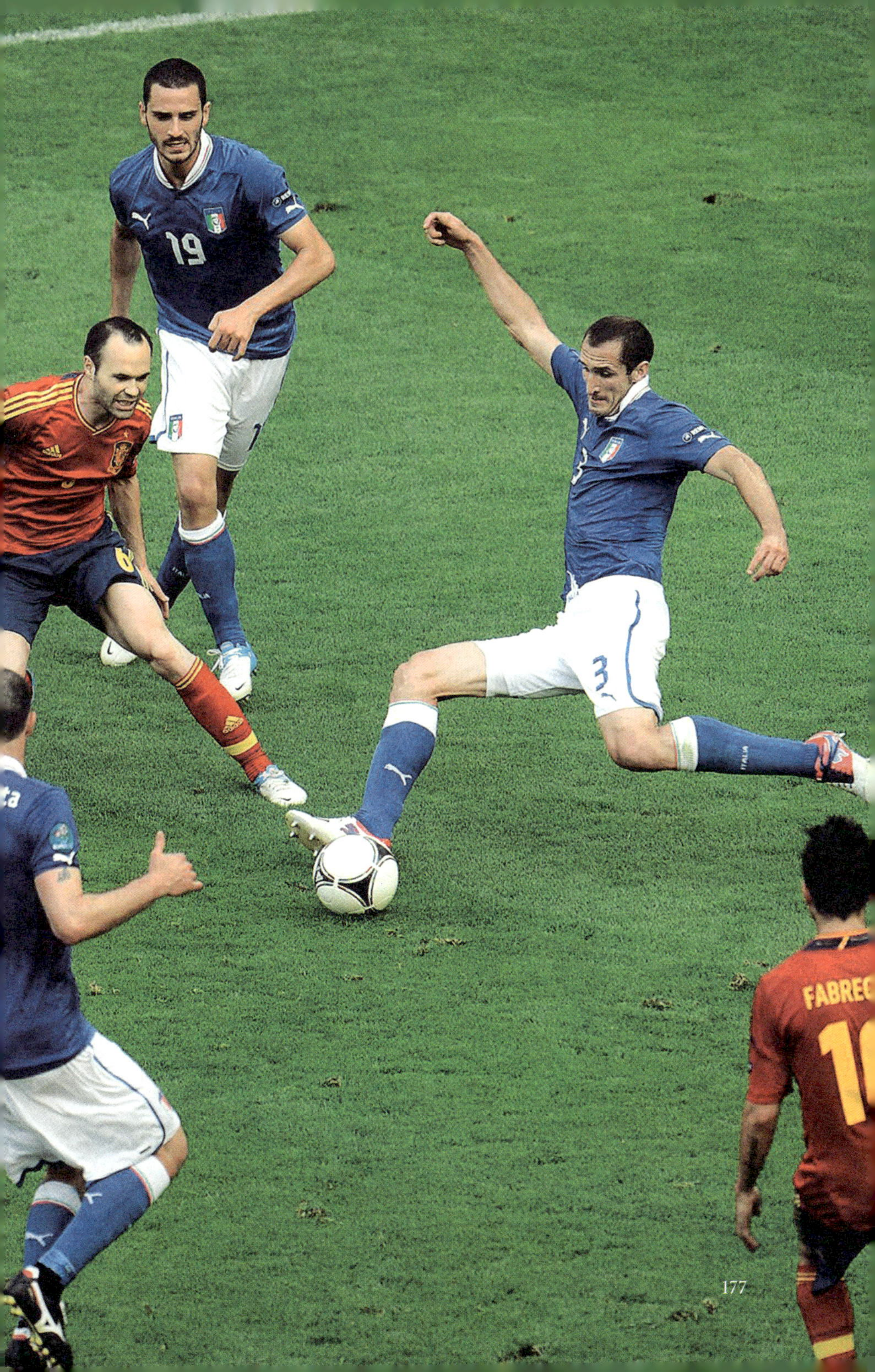
FABREG

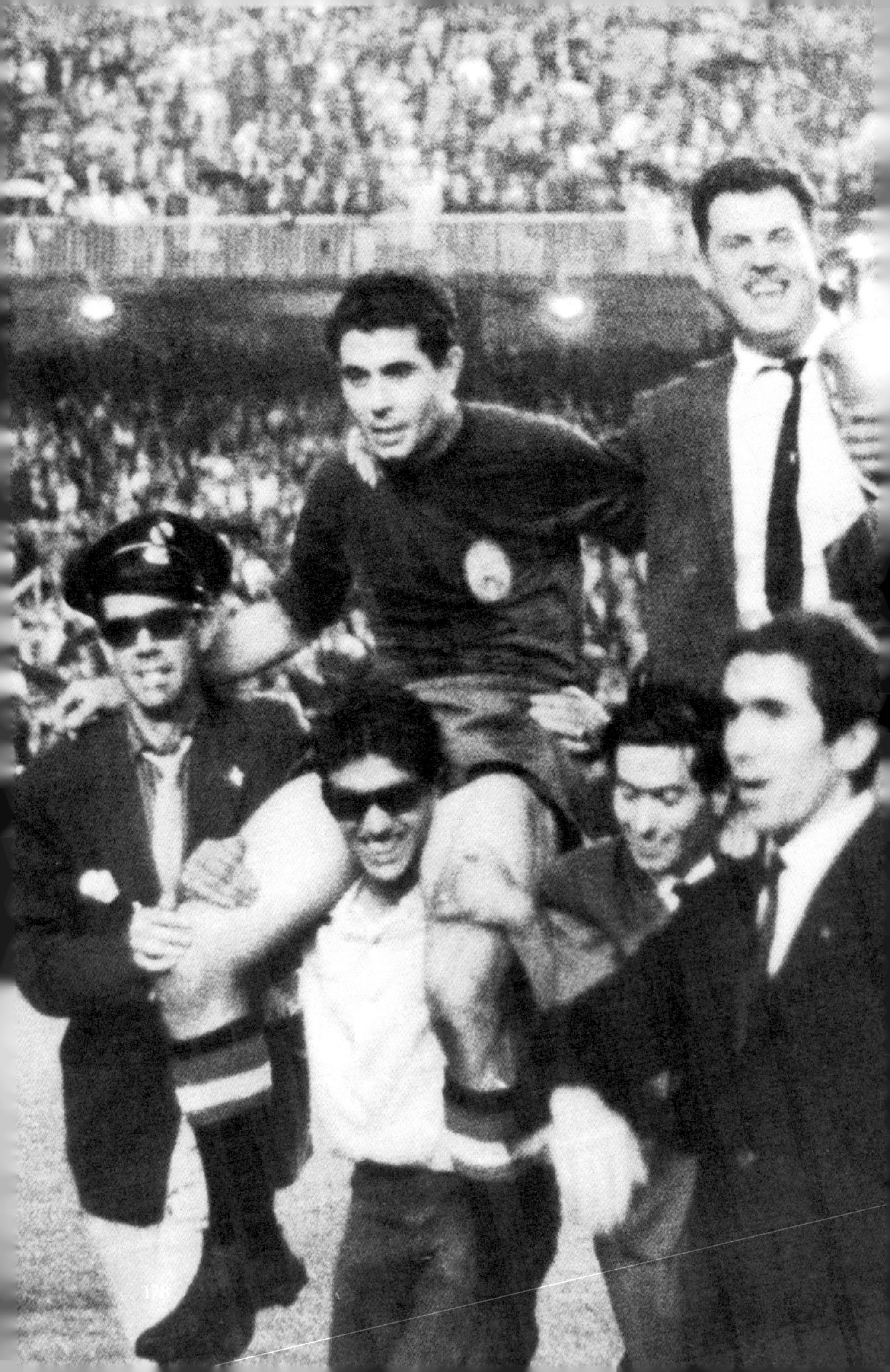

第一次荣耀

1964年，第二届欧洲杯的决赛在西班牙的伯纳乌球场举行。东道主西班牙队，在天时地利人和的情况下，以2∶1的比分击败上届冠军苏联队，获得球队历史上的第一个欧洲杯冠军，也是第一个国际大赛的冠军。在现场观众的助威下，西班牙队赢得并不困难，在开场后第6分钟和比赛结束前6分钟各入一球。

王朝的开端

2008年欧洲杯决赛,西班牙队对阵德国队。比赛的第32分钟,哈维送出一脚漂亮的传球,德国队后卫菲利普·拉姆想要倚住托雷斯,但被后者强行"超车",托雷斯赶在德国队门将莱曼出击之前,抢先一脚射门,拉姆和莱曼只得"望球兴叹",目送球滚入德国队球门。托雷斯打入全场的唯一进球,西班牙队最终击败了德国队,夺得了2008年欧洲杯冠军。这个进球也被认为是西班牙队建立王朝的开端。

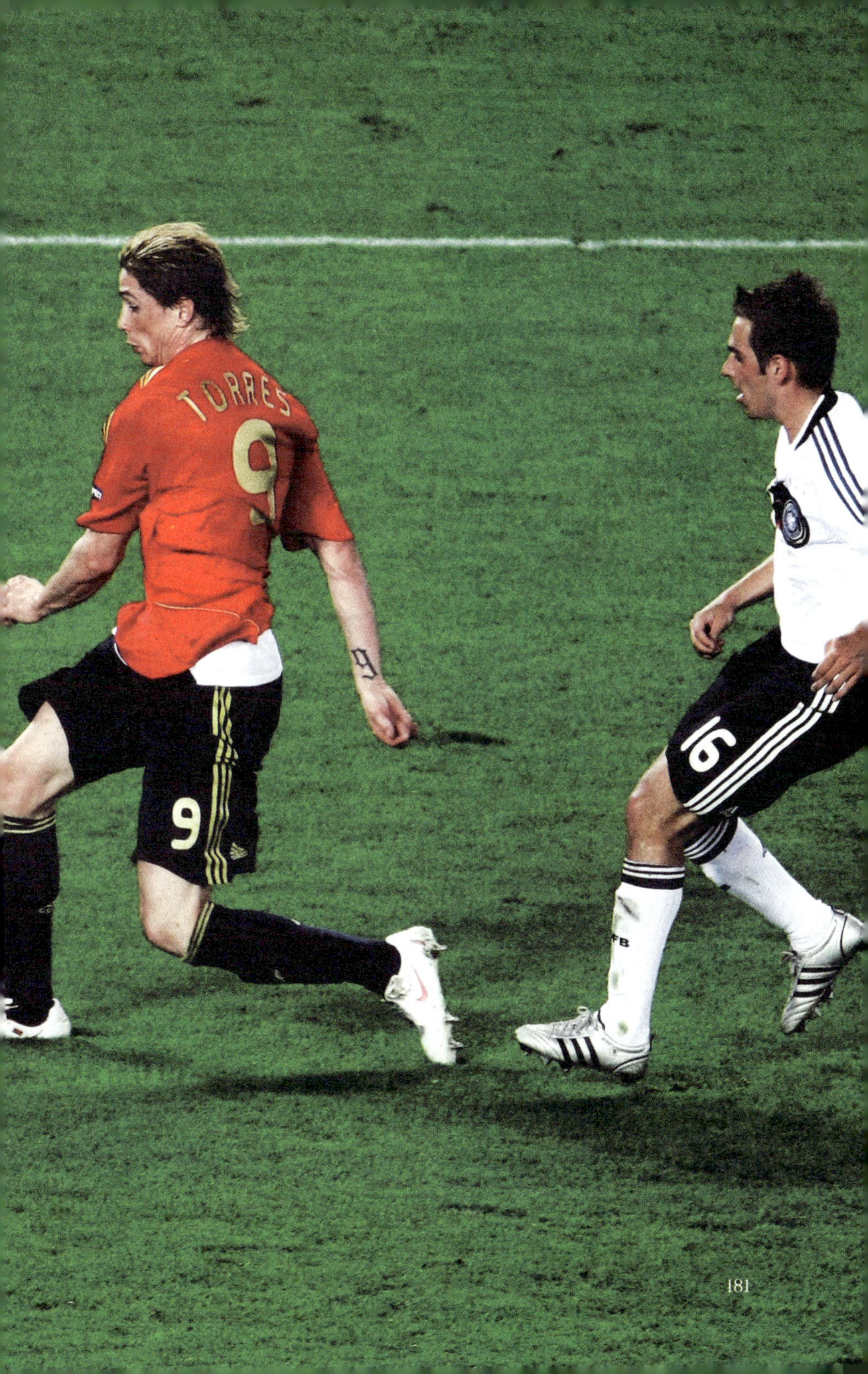
TORRES
9
9
16

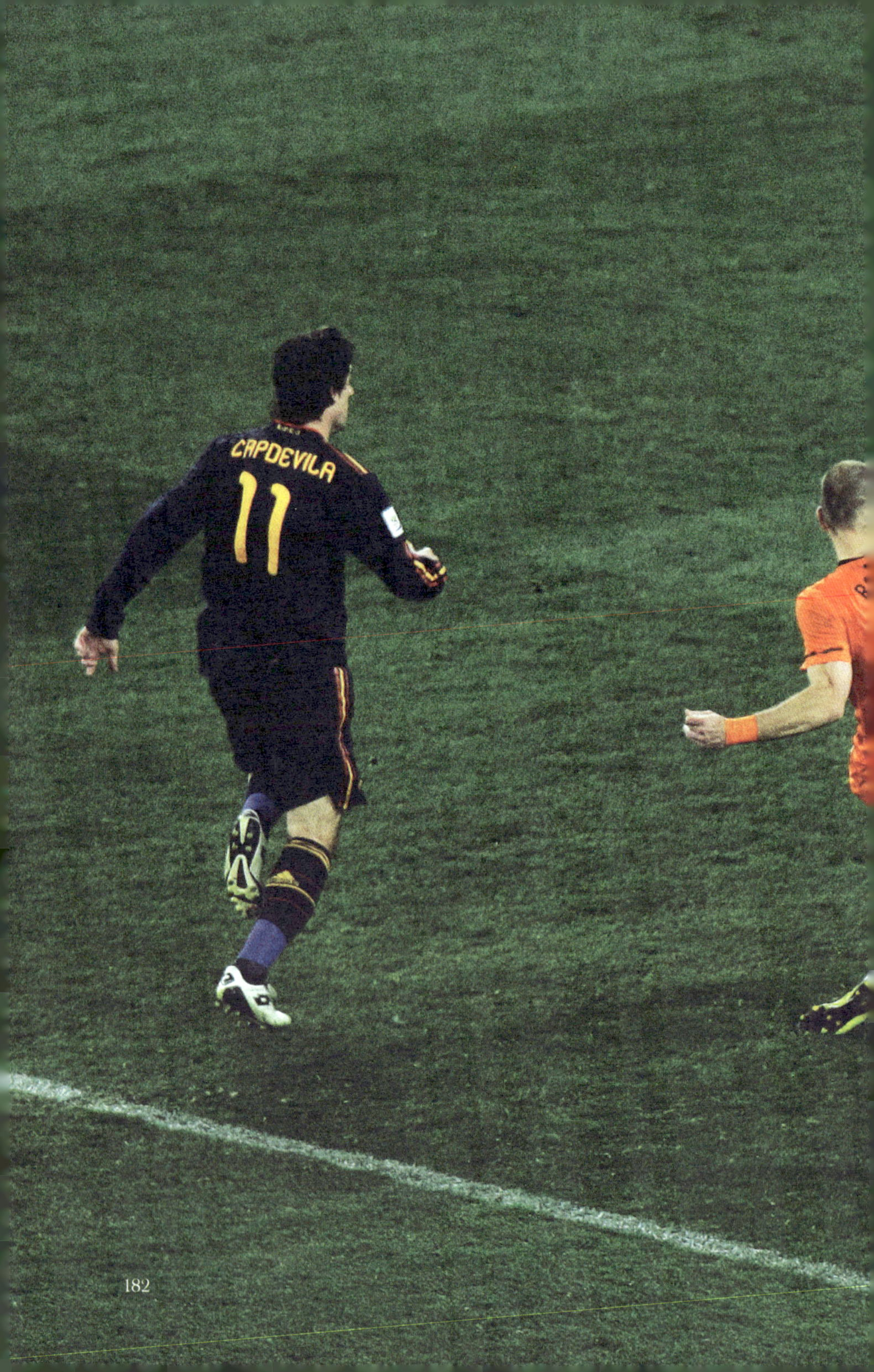
CAPDEVILA
11

改变足球历史

　　2010年世界杯决赛,荷兰队在第62分钟获得绝佳的破门机会。韦斯利·斯内德的一脚妙传,帮助阿尔扬·罗本获得单刀球,后者直面西班牙队门将卡西利亚斯,"圣卡西"在倒地的过程中用右脚将罗本的射门挡出。错失必进球的罗本,懊恼地跪倒在西班牙队的禁区。卡西利亚斯奉献了其职业生涯中最为重要的一次扑救,力保西班牙队球门不失。最终,西班牙队在加时赛中绝杀荷兰队,捧起了大力神杯。

184

"指环王"惊艳世界

1998年世界杯小组赛，西班牙队对阵尼日利亚队。"指环王"劳尔上演了世界杯首秀，他在比赛的第47分钟迎来了自己的世界杯首球。耶罗在中场送上一脚漂亮的长传，劳尔在后点拍马赶到，凌空抽射破门。劳尔就此横空出世，震惊世界。不过这场比赛，西班牙队最终以2∶3不敌尼日利亚队。

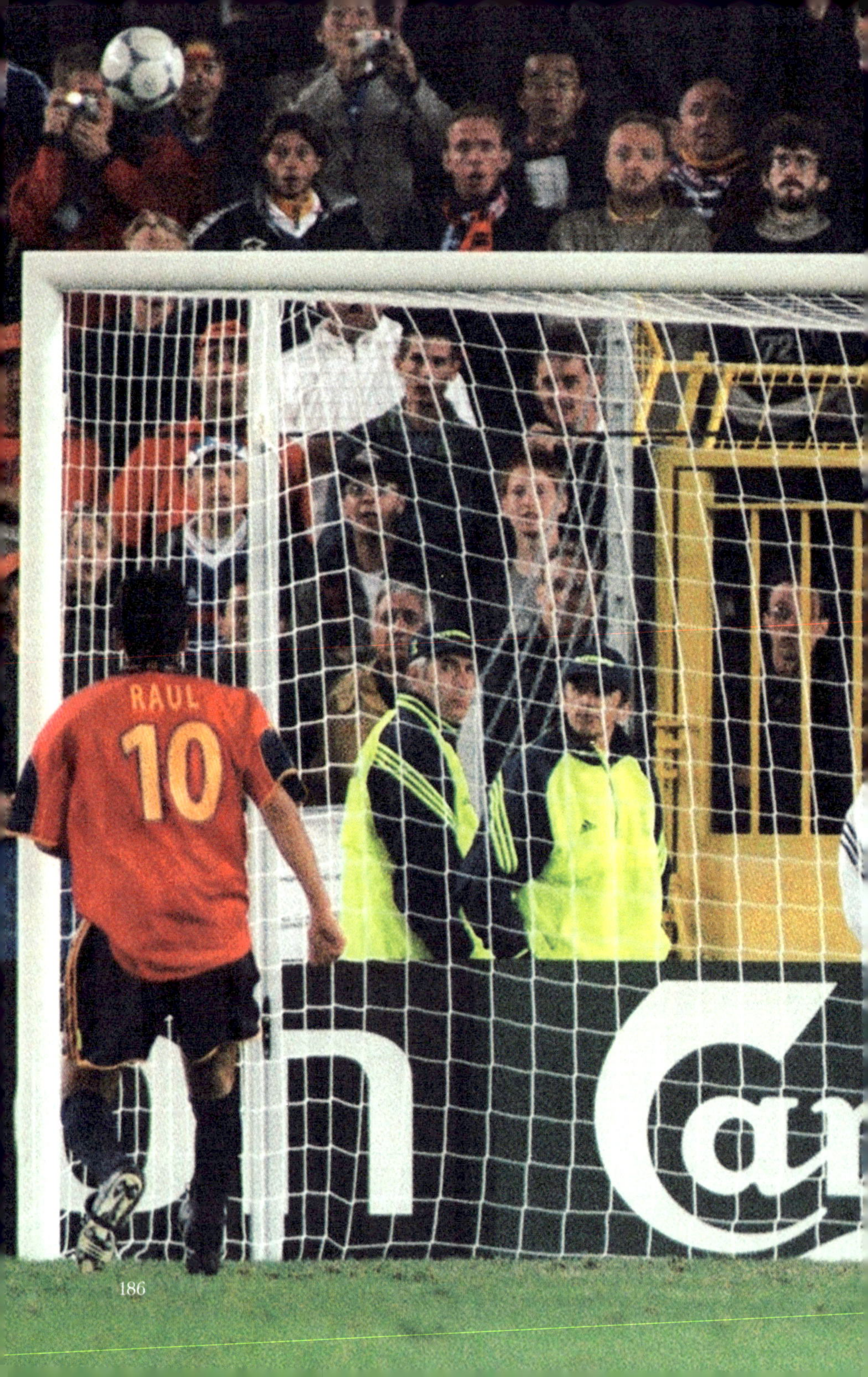
RAUL
10

"指环王"丢点球

2000年欧洲杯1/4决赛,西班牙队与法国队展开激战。上半场比赛,两队便攻入3球,西班牙队以1∶2落后。下半场比赛,西班牙队对法国队的球门展开了狂轰滥炸,比赛进行到第89分钟时,法国队门将法比安·巴特斯在禁区内扑倒了西班牙队的阿贝拉多·费尔南德斯,西班牙队获得点球。劳尔主罚的点球骗过了巴特斯,但却高出了球门横梁。最终西班牙队惨遭淘汰,劳尔也罚丢了他职业生涯中非常关键的一次点球。

血染赛场

1994年世界杯1/4决赛，意大利队对阵西班牙队。意大利队的毛罗·塔索蒂在一次争抢过程中，肘击恩里克，导致后者的鼻梁骨被打断，血染赛场。然而塔索蒂这个足以被红牌罚出场的动作，却逃过了当值主裁判的眼睛。不过塔索蒂最终被国际足联禁赛8场。2011年10月，恩里克执教的罗马队对阵AC米兰队，当时塔索蒂是AC米兰队的助教，两人相互握手，冰释前嫌。

超远吊射

2010年世界杯小组赛末轮,西班牙队对阵智利队。比赛的第25分钟,西班牙队发动了一次精彩的进攻。阿隆索的长传球找到了高速插上的托雷斯,智利队门将克劳迪奥·布拉沃出击解围,他铲飞的球恰好落在比利亚脚下,后者在距离球门约45米的位置果断起脚吊射,球准确地飞入了智利队的球门。这石破天惊的一脚,也成为比利亚职业生涯最为精彩的进球之一。

一锤定音

2010年世界杯半决赛,西班牙队对阵德国队。在这场"强强对话"的第73分钟,哈维开出角球,普约尔在禁区内高高跃起,送上一记漂亮的甩头攻门。普约尔打入了全场唯一的进球,帮助西班牙队挺进决赛。在争顶过程中,普约尔和皮克同时起跳,最终普约尔"力压"皮克完成破门。职业生涯仅为西班牙队打入3球的普约尔,这一次打入了价值千金的一球。

争议判罚

2002年世界杯1/4决赛,西班牙队对阵韩国队。埃及主裁判贾马勒·甘杜尔在这场比赛中屡现争议判罚,导致西班牙队抱憾出局。比赛的第54分钟,韩国队球员金泰映自摆乌龙,但裁判认定西班牙队球员冲撞在先,所以进球无效。加时赛中,华金助攻费尔南多·莫伦特斯头球破门,裁判认定华金在传球之前,球已经出了底线,因此进球仍然无效。然而,通过慢镜头回看,这是个明显的误判。最终在点球大战中,华金罚丢了点球,西班牙队只得目送东道主之一的韩国队闯进四强。

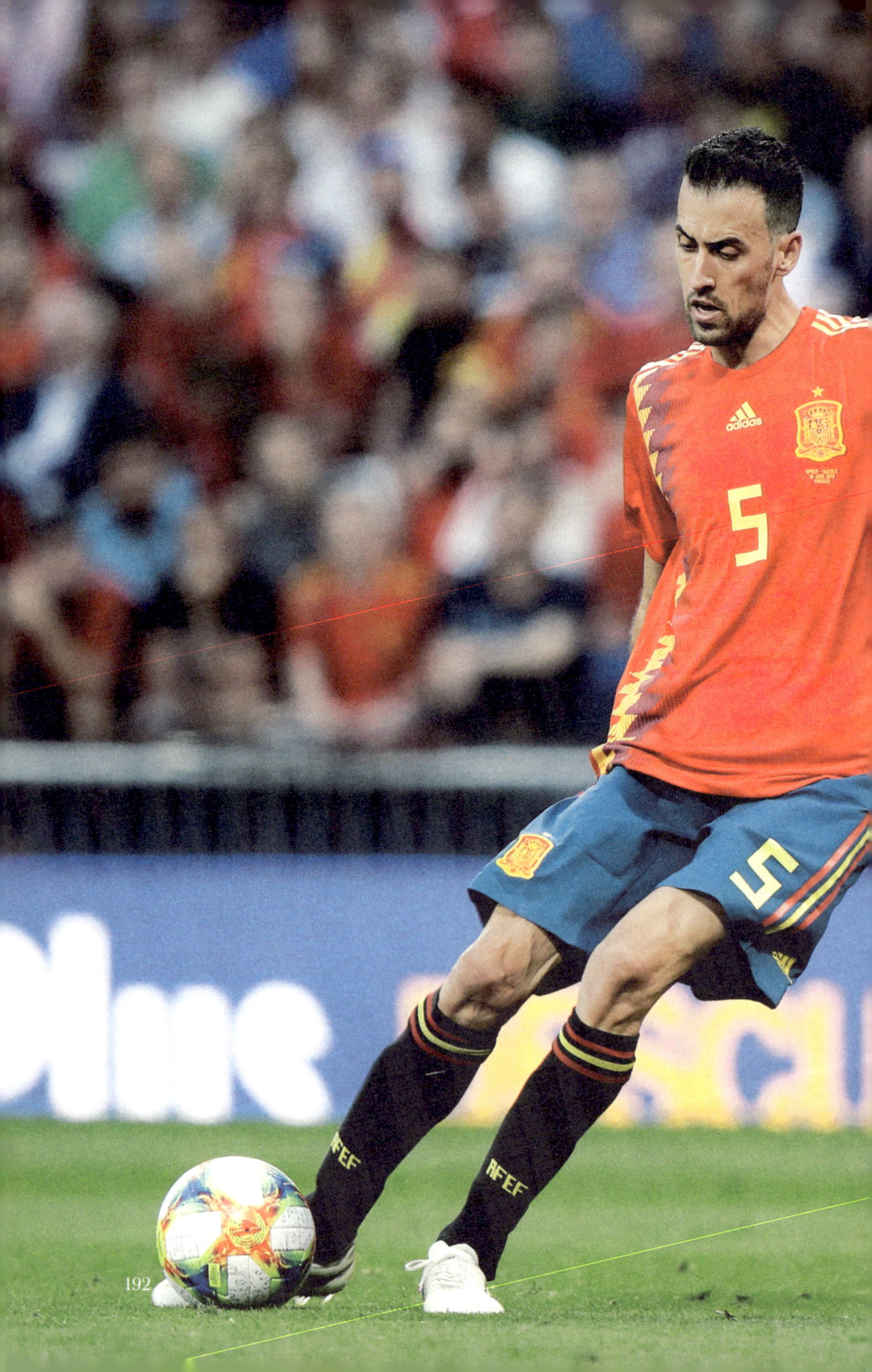
adidas
5
5
RFEF
RFEF

星光璀璨

姓名：塞尔吉奥·布斯克茨

出生日期：1988年7月16日

主要球衣号码：12号、2号、16号、5号

国家队数据：143场2球

完美后腰

能够顺利融入西班牙队2008年的冠军阵容，并不是一件容易的事情，但布斯克茨做到了。2010年世界杯，年轻的布斯克茨坐镇后腰，让西班牙队变成了一支更为强大的球队。在他的帮助下，西班牙队的控制力更上一层楼，而这样的踢法，布斯克茨早已在巴萨队训练得得心应手。西班牙队的2010年世界杯冠军和2012年欧洲杯冠军，以及巴萨队一系列的冠军荣誉，都是布斯克茨成功的职业生涯的完美例证。

姓名：大卫·比利亚

出生日期：1981年12月3日

主要球衣号码：18号、16号、21号、7号

国家队数据：98场59球

锋线尖刀

比利亚在2006年上演了其世界杯首秀，首场比赛中他便梅开二度。2008年欧洲杯，阿拉贡内斯力排众议，将比利亚选为主力。于是，比利亚在首场比赛上演帽子戏法，让所有质疑的声音烟消云散，也为西班牙队的夺冠铺平了道路。2010年世界杯，比利亚的表现依然出色，他在7场比赛中打进5球，是西班牙队能够创造历史的最大功臣之一。如果不是因为受伤，比利亚的荣誉簿将会更加厚重，但他为西班牙队出战98场、打进59球的表现，早已证明了自己的实力。

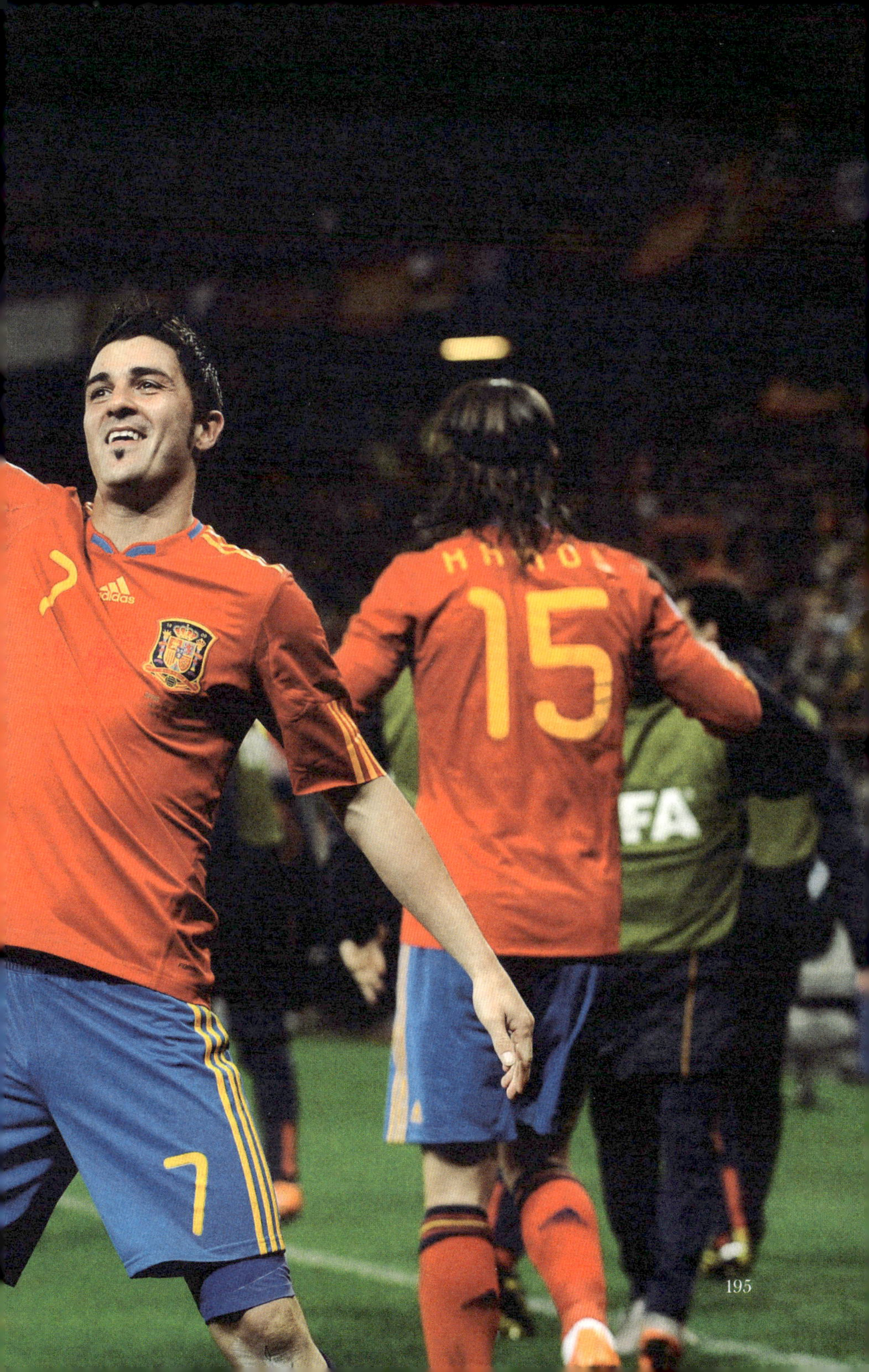
adidas
15
7

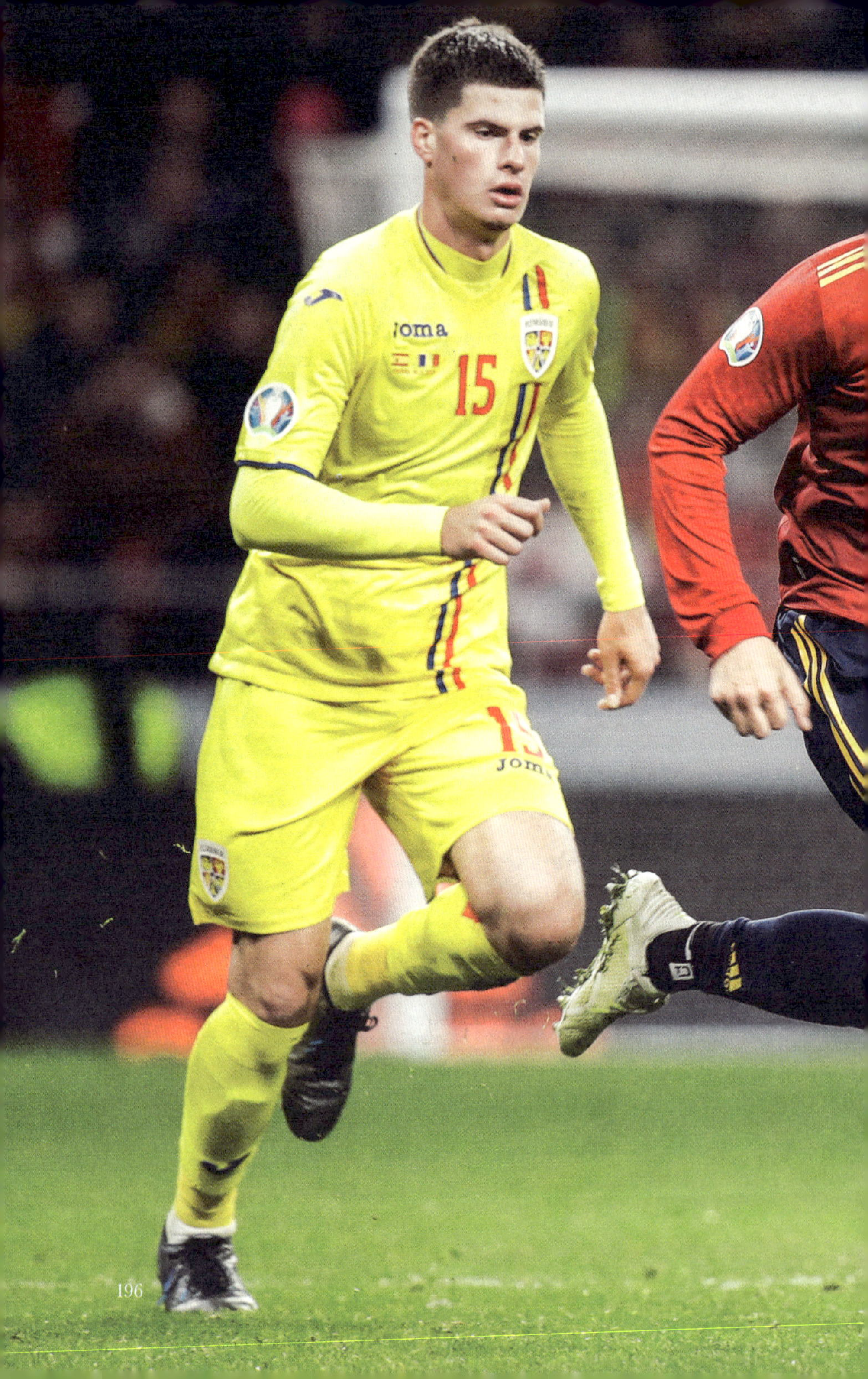
Joma
15

姓名：阿尔瓦罗·莫拉塔

出生日期：1992年10月23日

主要球衣号码：10号、9号、7号

国家队数据：71场34球

新"锋霸"

当"西班牙队王朝"渐渐褪去，球员迎来更新换代之时，西班牙队的足球风格也悄然迎来改变。传统中锋又开始在西班牙队成为举足轻重的角色，而莫拉塔也就这样成为西班牙队在锋线上的关键一环。每逢代表西班牙队出场，莫拉塔总是能贡献自己的力量。他出色的头球能力，以及在禁区内捕捉破门时机的嗅觉，已经成为西班牙队获胜的一大法宝。

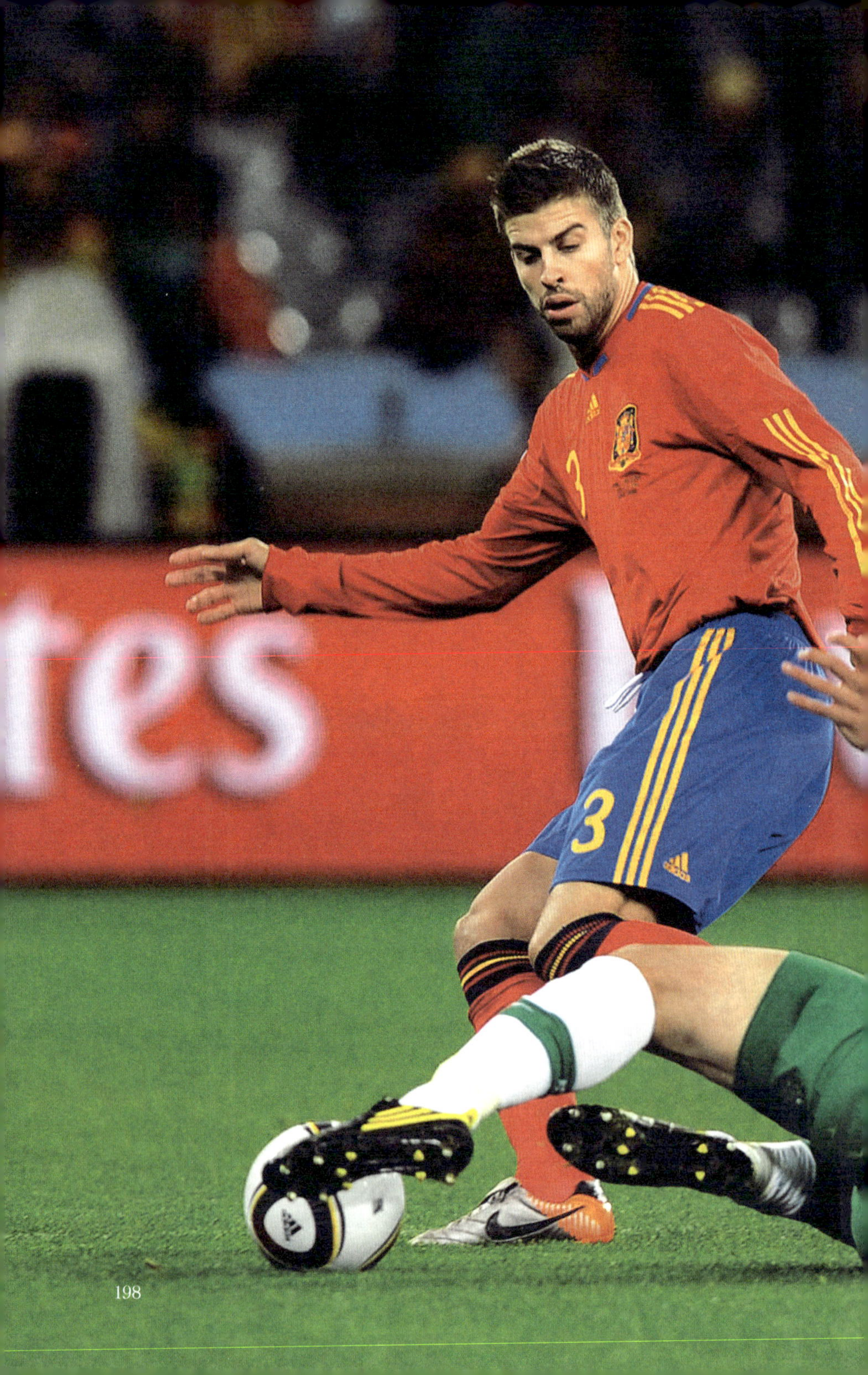

姓名：杰拉德·皮克

出生日期：1987年2月2日

主要球衣号码：3号

国家队数据：102场5球

后防支柱

无论是在西班牙队还是在俱乐部，皮克都是一个很有故事的后防球员。2010年世界杯，皮克以683分钟创下了当届世界杯出场时间最久的纪录，而在这683分钟里，23岁的皮克作为冠军球队的后防支柱，也迎来了自己的巅峰时刻。2012年欧洲杯，皮克又帮助西班牙队成功卫冕。在巴萨队，皮克也是屡建奇功。

姓名：大卫·席尔瓦

出生日期：1986年1月8日

主要球衣号码：8号、6号、5号、21号

国家队数据：125场35球

天才中场

作为从2006年就开始代表西班牙队出战的球员，大卫·席尔瓦完整经历了西班牙队的两届欧洲杯冠军和一届世界杯冠军的征程。尽管在2010年世界杯，大卫·席尔瓦经常因为战术原因而坐在替补席上，但在2012年欧洲杯，他用决赛上的首开纪录证明了自己的实力。而在曼彻斯特城队，他更是证明了自己的才华横溢。

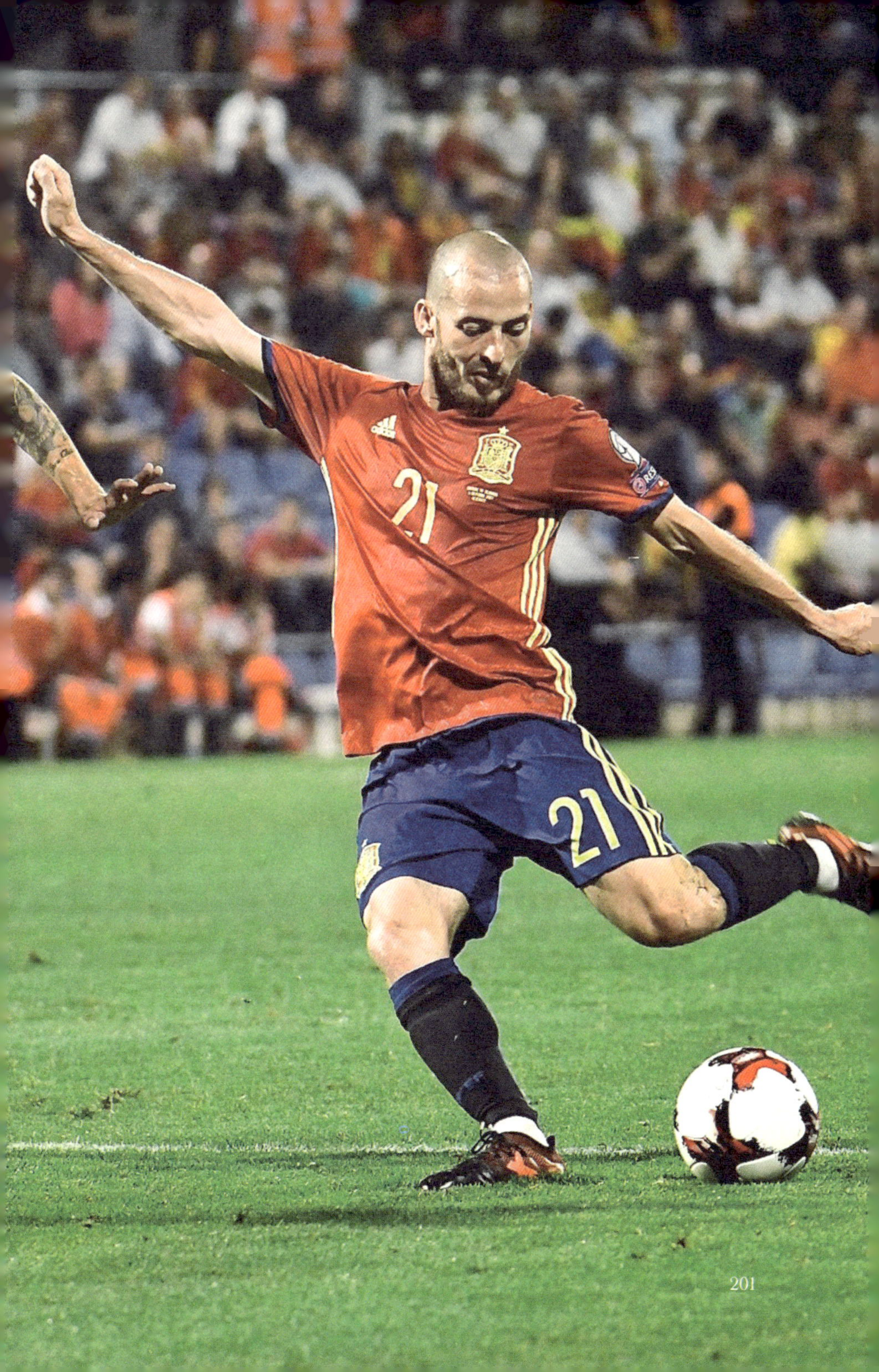

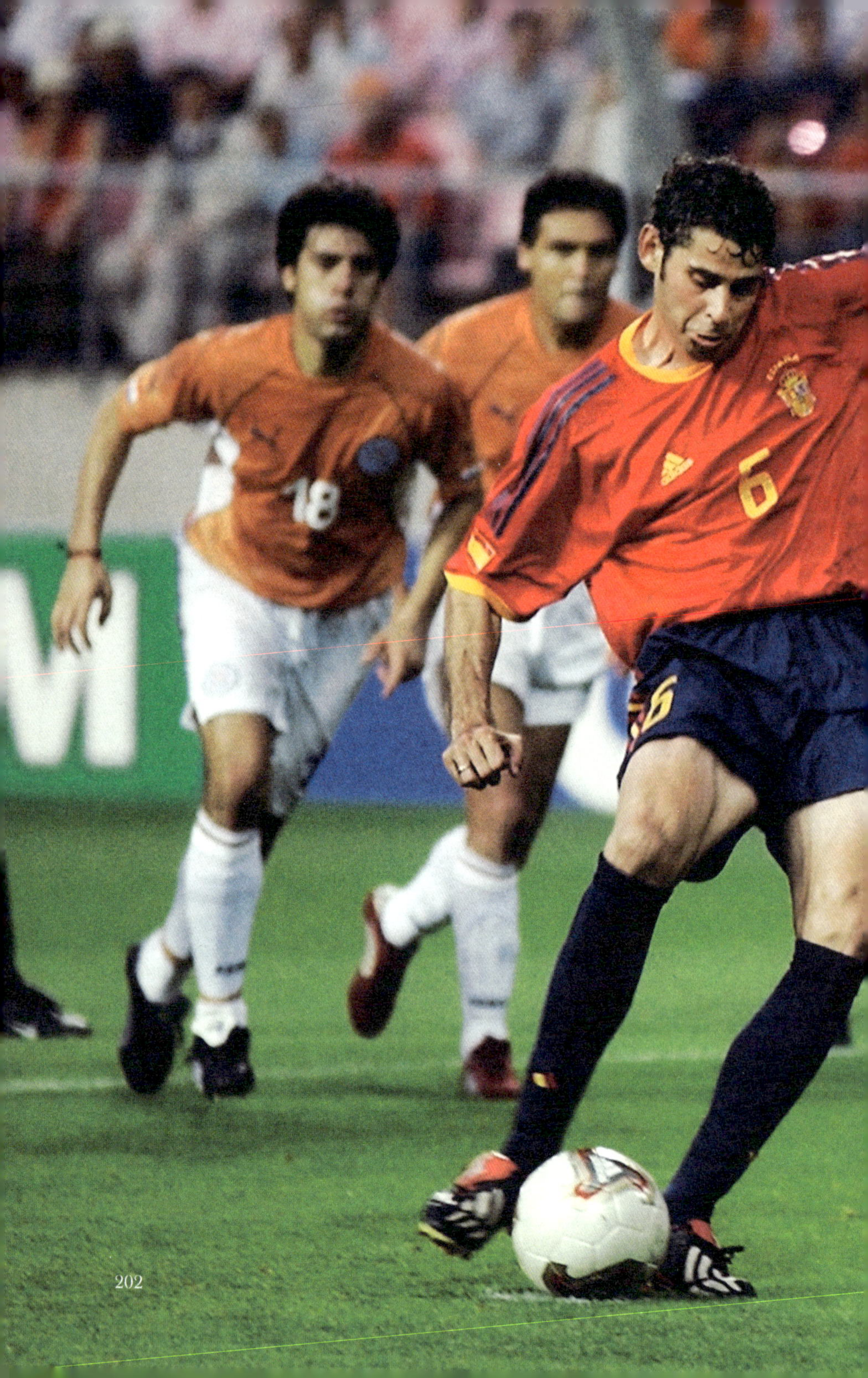
18
6

姓名：费尔南多·耶罗

出生日期：1968年3月23日

主要球衣号码：14号、13号、17号、6号

国家队数据：89场29球

"带刀后卫"

　　为西班牙队出战89场、打入29球，仅仅通过这一数据，你可能会认为这是一个前锋的成绩单，但这份成绩单属于耶罗——一名经常出现在中卫位置上的球员。虽然耶罗在西班牙队的职业生涯没有取得过冠军，但作为一名被球迷所熟知的后卫，他的进攻能力相当出色。这源于耶罗少年时期练就的基本功，所以到了职业赛场上，他可以在中锋、后腰和后卫三个位置上自由切换。这为他所效力的皇马队和西班牙队提供了更多的战术选项，这样的耶罗也在20世纪90年代留下了属于自己的一段传奇故事。

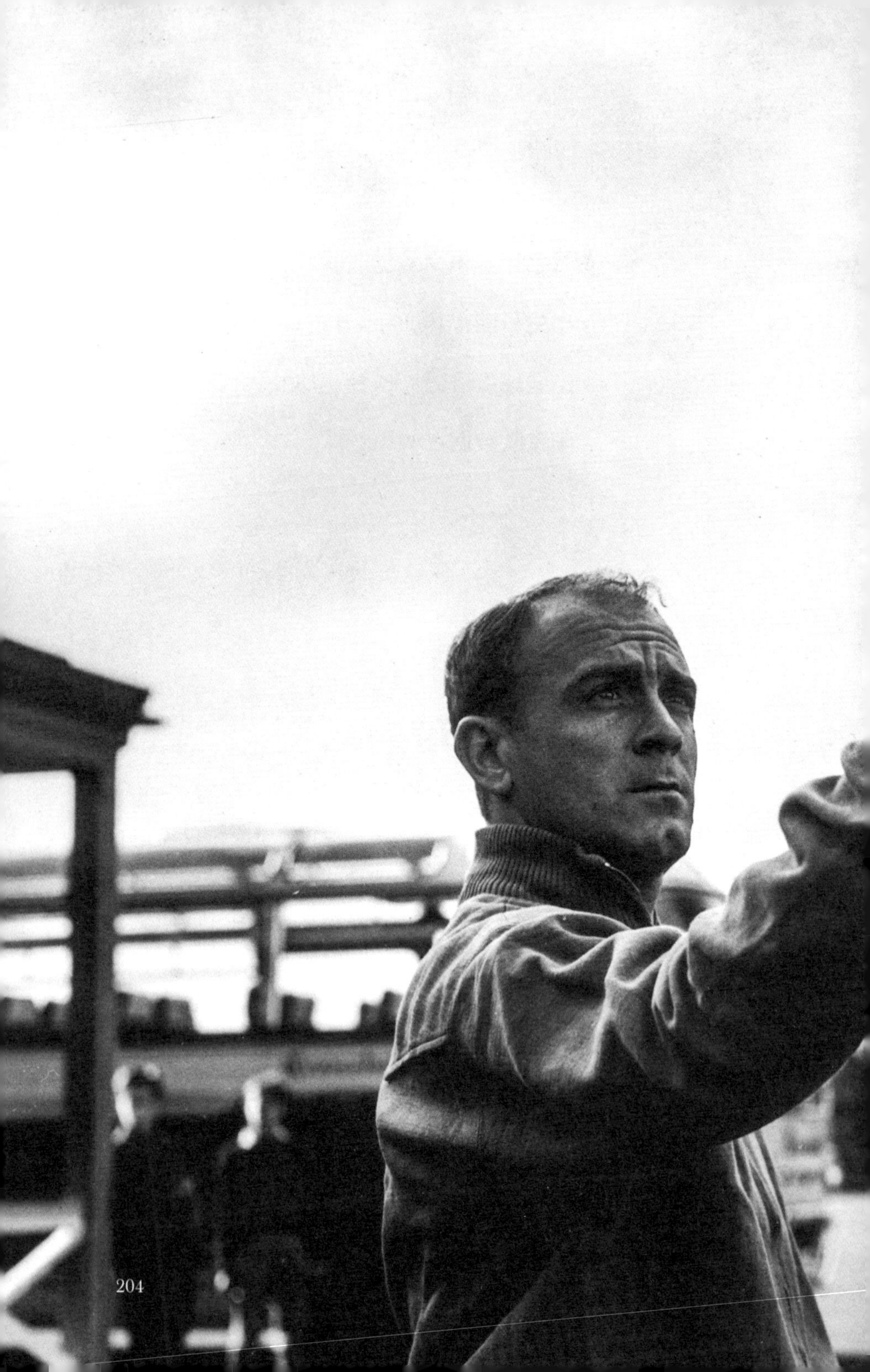

姓名：阿尔弗雷多·迪斯蒂法诺

出生日期：1926年7月4日

主要球衣号码：9号、6号

国家队数据：31场23球

个人荣誉：2次金球奖

"金箭头"

  1957年1月30日，迪斯蒂法诺首次代表西班牙队在比赛中出场，在这场西班牙队5∶1战胜荷兰队的比赛中，迪斯蒂法诺上演了帽子戏法。当时的迪斯蒂法诺即将31岁，而且西班牙队也不是他效力的第一支国家队，但在31场为西班牙队征战的比赛里，迪斯蒂法诺依然展现了自己惊人的进球能力，打进了32球，证明了"金箭头"这一绰号的实至名归。

姓名：路易斯·苏亚雷斯

出生日期：1935年5月2日

主要球衣号码：10号

国家队数据：32场14球

个人荣誉：1次金球奖

西班牙队第一代核心

  1964年欧洲国家杯，西班牙队获得了历史上的第一座国际大赛奖杯，作为这支队伍的核心球员，路易斯·苏亚雷斯在当时成为很多西班牙小球员的偶像，点燃了西班牙的足球热情。在此之前，西班牙队在国际赛场的存在感很低，一度需要通过归化球员来提振战绩，但路易斯·苏亚雷斯证明了西班牙人自己也可以把球踢好，这一点和夺得欧洲国家杯冠军是他为西班牙足球留下的最大财富。

姓名：帕科·亨托

出生日期：1933年10月21日

主要球衣号码：9号、11号

国家队数据：43场5球

六冠得主

1964年欧洲杯，亨托因伤缺席了比赛，所以西班牙队夺得的首个冠军，亨托没有参与其中。这是亨托在西班牙队生涯的一个重大遗憾，但他的遗憾在俱乐部赛场得到了弥补。亨托完整参与了皇马队从1955—1956赛季开始，连续5个赛季夺得欧冠冠军的荣耀之旅，而且还在1965—1966赛季获得了其职业生涯的第6个欧冠冠军，这样的成绩足以让亨托在西班牙足球历史中占据一席之地。

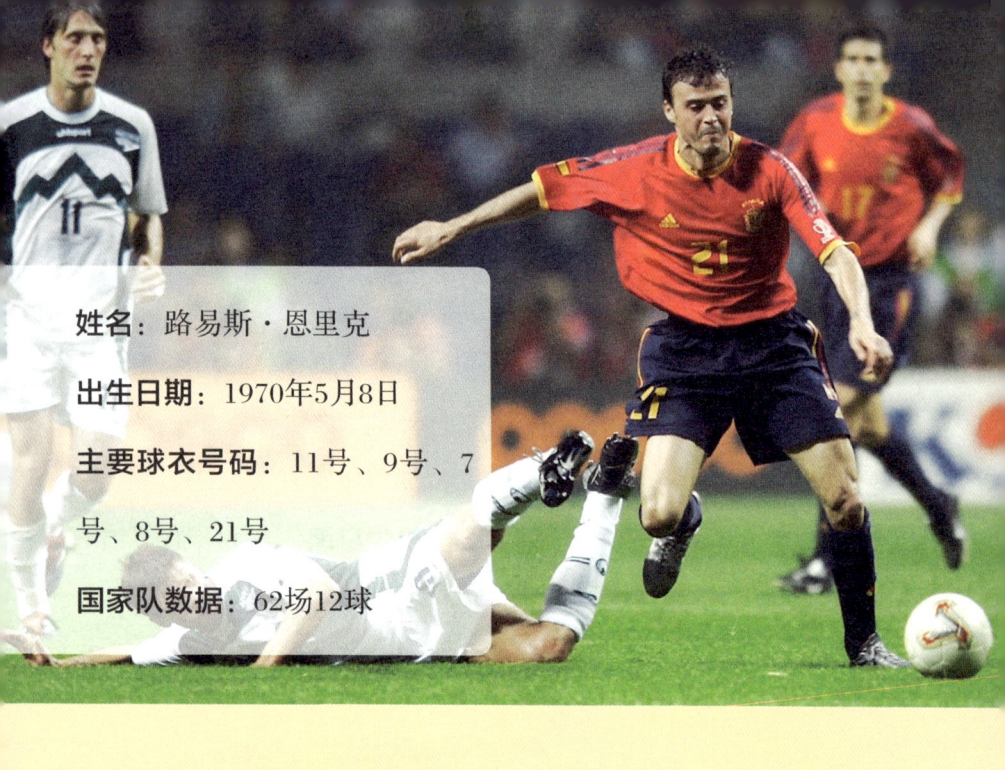

姓名：路易斯·恩里克

出生日期：1970年5月8日

主要球衣号码：11号、9号、7号、8号、21号

国家队数据：62场12球

为争议而生

作为前锋的路易斯·恩里克为西班牙队出战62场比赛、打进12球，这不是一个多么出色的成绩，但他在西班牙足坛的的确确是一位风云人物。恩里克是少数既效力过皇马队，也效力过巴萨队的球员，更是少数直接从皇马队转会至巴萨队的球员。球员生涯结束后，恩里克转型担任教练，执教过巴萨队，也执教过西班牙队。直到现在，他和皇马队的恩怨还在继续，所以路易斯·恩里克的身边总是充满了争议。

姓名：大卫·德赫亚

出生日期：1990年11月7日

主要球衣号码：23号、12号、13号、1号

国家队数据：45场

失意"门神"

  西班牙队可能从来没有为门将位置而发愁过，因为在卡西利亚斯还没有退役的时候，他的接班人就已经出现了，那就是大卫·德赫亚。2007年，德赫亚帮助西班牙U17队获得了欧洲U17足球锦标赛冠军；2011年和2013年，德赫亚又两次帮助西班牙U21队获得了欧洲U21足球锦标赛冠军。一系列的成绩让德赫亚早已声名鹊起，可惜的是，他在2018年世界杯上表现不佳，这让他逐渐失去了西班牙队主力门将的位置，直至最后退役。

姓名：阿曼西奥·阿马罗·瓦雷拉

出生日期：1939年10月16日

主要球衣号码：7号、8号

国家队数据：42场11球

首冠功臣

  1964年欧洲杯，西班牙队能够进入决赛，阿曼西奥功不可没。在对阵匈牙利队的半决赛中，西班牙队在先进一球的情况下被对手扳平比分，比赛进入加时赛，是阿曼西奥的进球帮助西班牙队取得了比赛的胜利，这才使得西班牙队有了角逐冠军的机会。为西班牙队征战的42场比赛中，阿曼西奥打进11球，数量虽然不多，但都很关键，这让其在西班牙队留下了自己的印记。

姓名：埃米利奥·布特拉格诺

出生日期：1963年7月22日

主要球衣号码：18号、15号、9号

国家队数据：69场26球

神奇射手

1986年世界杯，西班牙队在小组赛中遭遇北爱尔兰队，然而比赛刚刚开始65秒，西班牙队就看到了胜利的曙光，因为球队早早地取得了领先，而收获进球的球员叫作布特拉格诺。这是1986年世界杯最快的进球，而布特拉格诺创造的神奇还在继续。1/8决赛，布特拉格诺上演"大四喜"，帮助西班牙队以5∶1大胜丹麦队，昂首晋级八强。可惜的是，西班牙队在1/4决赛中不敌比利时队，而布特拉格诺的神奇表现也就此结束，但在1986年的夏天，布特拉格诺的名字被全世界所熟知。

伊戈尔·卡西利亚斯　　　杰拉德·皮克

　　　塞尔吉奥·拉莫斯　　卡莱斯·普约尔

霍尔迪·阿尔瓦　哈维·阿隆索　皮里

　　　　　　　　　　　　安德雷斯·伊涅斯塔

　　哈维　　路易斯·苏亚雷斯

大卫·比利亚　里卡多·萨莫拉　　何塞·安东尼奥·卡马乔

　　　　　　　安东尼奥·马塞达

　费尔南多·耶罗　　　　霍安·卡普德维拉

塞尔吉奥·布斯克茨　塞斯克·法布雷加斯

　　何塞普·瓜迪奥拉　　大卫·席尔瓦

劳尔·冈萨雷斯·布兰科　　费尔南多·托雷斯

　卡洛斯·马切纳　马科斯·塞纳

　　　　　　　　　　　　圣迪亚戈·卡索拉

佩德罗　　赫苏斯·纳瓦斯

　　　　　　　　阿尔瓦罗·阿韦洛亚

　　　　　　何塞托

埃克托·里亚尔　　　胡安·阿库尼亚

　　帕科·坎波斯　华金

　　　　　　　　安东尼奥·瓜伊雷

奎克·阿尔瓦雷斯

　　　　　　曼努埃尔·桑奇斯

　文森特·德尔·博斯克　安东尼·戈耶科切亚

伊西德罗·兰加拉　　　帕科·布约

　　　西里亚科·埃拉斯蒂　　　华尼托·阿隆索

何塞·马里·巴克罗　　何塞·比森特　　伊西德罗

恩里克·佩雷兹·帕钦　　　何塞·桑塔玛利亚

　　　　　　　　　阿曼西奥·阿马罗·瓦雷拉

伊格纳西奥·索科

费尔南多·奥利维拉　　马尔科·阿森西奥

　　　　　　纳乔·费尔南德斯

费尔南多·莫伦特斯

　　　　　　　　路易斯·恩里克

帕科·亨托

　　　费利西亚诺·里维利亚

库罗·托雷斯　　　鲁本·巴拉哈

　　　阿尔伯特·卢克

迭戈·特里斯坦　　乌奈·西蒙

　　　　　　　　丹尼尔·卡瓦哈尔

塞萨尔·阿斯皮利奎塔

　　　　　　　安苏·法蒂

阿尔瓦罗·莫拉塔

　　　　何塞·玛利亚·贝劳斯特

最佳阵容

主力阵容（"4231"阵形）

门将：伊戈尔·卡西利亚斯

后卫：塞尔吉奥·拉莫斯、杰拉德·皮克、卡莱斯·普约尔、霍尔迪·阿尔瓦

防守型后场：哈维·阿隆索、皮里

攻击型前场：安德雷斯·伊涅斯塔、哈维、路易斯·苏亚雷斯

中锋：大卫·比利亚

替补阵容（"442"阵形）

门将：里卡多·萨莫拉

后卫：何塞·安东尼奥·卡马乔、费尔南多·耶罗、安东尼奥·马塞达、霍安·卡普德维拉

中场：塞尔吉奥·布斯克茨、塞斯克·法布雷加斯、何塞普·瓜迪奥拉、大卫·席尔瓦

前锋：劳尔·冈萨雷斯·布兰科、费尔南多·托雷斯

注：以上阵容通过多方数据参考得出，具有主观性，仅供阅读。

历任主帅及战绩

姓名	国家/地区	上任时间	离任时间	执教总场数	执教胜场数	执教平局场数	执教负场数
路易斯·德拉富恩特	西班牙	2022年12月12日	-	12	9	1	2
路易斯·恩里克	西班牙	2019年11月19日	2022年12月8日	38	20	11	7
罗伯特·莫雷诺	西班牙	2019年6月19日	2019年11月18日	6	4	2	0
罗伯特·莫雷诺	西班牙	2019年3月10日	2019年6月19日	4	4	0	0
路易斯·恩里克	西班牙	2018年7月9日	2019年3月10日	6	4	0	2
费尔南多·耶罗	西班牙	2018年6月14日	2018年7月1日	4	1	2	1
胡伦·洛佩特吉	西班牙	2016年7月21日	2018年6月13日	20	14	6	0
文森特·德尔·博斯克	西班牙	2008年7月17日	2016年6月30日	114	89	8	17
路易斯·阿拉贡内斯	西班牙	2004年7月1日	2008年6月30日	54	39	11	4
伊纳基·萨兹	西班牙	2002年7月1日	2004年6月30日	23	15	6	2
何塞·安东尼奥·卡马乔	西班牙	1998年9月6日	2002年6月30日	44	29	7	8
哈维尔·克莱门特	西班牙	1992年7月1日	1998年9月5日	62	36	19	7
文森特·米耶拉	西班牙	1991年9月4日	1992年4月22日	8	4	2	2
路易斯·苏亚雷斯	西班牙	1988年9月14日	1991年4月17日	27	15	4	8
米格尔·穆尼奥斯	西班牙	1983年7月1日	1989年6月30日	53	26	12	15
何塞·桑塔玛利亚	西班牙	1980年7月1日	1982年7月6日	24	10	8	6
罗兹洛·库巴拉	匈牙利	1969年10月15日	1980年6月18日	68	31	21	16
路易斯·莫洛尼	西班牙	1969年1月1日	1969年8月31日	4	2	1	1
何塞·桑塔玛利亚	西班牙	1968年7月1日	1968年12月31日	4	2	1	1
多明戈·巴尔曼亚	西班牙	1966年12月7日	1968年5月8日	10	4	2	4
何塞·比拉隆加	西班牙	1962年7月1日	1966年6月30日	19	8	5	6
佩德罗·艾斯卡廷	西班牙	1961年4月2日	1961年12月10日	7	5	2	0
曼努埃尔·米亚纳	西班牙	1957年1月30日	1959年2月28日	12	7	3	2
吉列尔莫·埃扎吉雷	西班牙	1955年11月27日	1956年1月3日	3	0	1	2
拉蒙·梅尔孔	西班牙	1954年7月1日	1955年6月30日	3	1	0	2
路易斯·伊利伦	西班牙	1953年11月8日	1954年3月17日	4	1	2	1
佩德罗·艾斯卡廷	西班牙	1952年12月7日	1953年7月12日	5	2	1	2
里卡多·萨莫拉	西班牙	1952年5月25日	1952年6月10日	2	1	1	0
保利诺·阿尔坎塔拉	西班牙	1951年1月1日	1951年6月30日	3	1	2	0
吉列尔莫·埃扎吉雷	西班牙	1948年3月21日	1950年7月16日	16	8	5	3
巴勃罗·埃尔南德斯	西班牙	1947年1月1日	1947年6月15日	2	0	0	2
哈辛托·金科塞斯	西班牙	1945年3月1日	1945年5月31日	2	1	1	0
爱德华多·蒂乌斯	西班牙	1941年1月12日	1942年4月19日	6	3	2	1
阿马德奥·加西亚	西班牙	1934年3月11日	1936年5月3日	12	6	2	4
何塞·马里亚·马迪奥斯	西班牙	1929年3月1日	1933年6月30日	16	10	3	3
何塞·安赫尔·贝拉昂多	西班牙	1928年1月8日	1928年6月4日	5	1	3	1
曼努埃尔·德卡斯特罗	西班牙	1925年9月15日	1926年6月30日	1	1	0	0
费尔南多·古铁雷斯	西班牙	1925年5月17日	1925年6月14日	3	3	0	0
曼努埃尔·德卡斯特罗	西班牙	1921年10月1日	1922年12月31日	2	2	0	0
帕科·布鲁	西班牙	1920年1月1日	1920年9月6日	5	4	0	1

历届大赛成绩

时间	赛事名称	举办地	最终排名	备注
1930年	世界杯	乌拉圭	—	未参赛
1934年	世界杯	意大利	第5名	1/4决赛出局
1938年	世界杯	法国	—	退赛
1950年	世界杯	巴西	第4名	
1954年	世界杯	瑞士	—	未晋级决赛圈
1958年	世界杯	瑞典	—	未晋级决赛圈
1960年	欧洲杯	法国	—	弃权
1962年	世界杯	智利	第13名	小组赛出局
1964年	欧洲杯	西班牙	冠军	
1966年	世界杯	英格兰	第10名	小组赛出局
1968年	欧洲杯	意大利	—	未晋级决赛圈
1970年	世界杯	墨西哥	—	未晋级决赛圈
1972年	欧洲杯	比利时	—	未晋级决赛圈
1974年	世界杯	联邦德国	—	未晋级决赛圈
1976年	欧洲杯	南斯拉夫	—	未晋级决赛圈
1978年	世界杯	阿根廷	第10名	小组赛出局
1980年	欧洲杯	意大利	第7名	小组赛出局
1982年	世界杯	西班牙	第12名	第二阶段小组赛出局
1984年	欧洲杯	法国	亚军	
1986年	世界杯	墨西哥	第7名	1/4决赛出局
1988年	欧洲杯	联邦德国	第6名	小组赛出局
1990年	世界杯	意大利	第10名	1/8决赛出局

续表

时间	赛事名称	举办地	最终排名	备注
1992年	欧洲杯	瑞典	–	未晋级决赛圈
1994年	世界杯	美国	第8名	1/4决赛出局
1996年	欧洲杯	英格兰	第6名	1/4决赛出局
1998年	世界杯	法国	第17名	小组赛出局
2000年	欧洲杯	荷兰、比利时	第5名	1/4决赛出局
2002年	世界杯	韩国、日本	第5名	1/4决赛出局
2004年	欧洲杯	葡萄牙	第10名	小组赛出局
2006年	世界杯	德国	第9名	1/8决赛出局
2008年	欧洲杯	奥地利、瑞士	冠军	
2009年	联合会杯	南非	季军	
2010年	世界杯	南非	冠军	
2012年	欧洲杯	波兰、乌克兰	冠军	
2013年	联合会杯	巴西	亚军	
2014年	世界杯	巴西	第23名	小组赛出局
2016年	欧洲杯	法国	第10名	1/8决赛出局
2018年	世界杯	俄罗斯	第10名	1/8决赛出局
2018—2019赛季	欧洲国家联赛	–	第7名	小组排名第2名
2020*	欧洲杯	无主办国巡回赛	季军	
2020—2021赛季	欧洲国家联赛	–	亚军	
2022年	世界杯	卡塔尔	第13名	1/8决赛出局
2022—2023赛季	欧洲国家联赛	–	冠军	

注：2020欧洲杯在2021年举行，官方仍将其称为2020欧洲杯。

历史出场榜

排名	姓名	出场数
1	塞尔吉奥·拉莫斯*	180
2	伊戈尔·卡西利亚斯	167
3	塞尔吉奥·布斯克茨*	143
4	哈维	133
5	安德雷斯·伊涅斯塔*	131
6	安东尼·苏比萨雷塔	126
7	大卫·席尔瓦	125
8	哈维·阿隆索	114
9	费尔南多·托雷斯	110
9	塞斯克·法布雷加斯	110
11	劳尔·冈萨雷斯·布兰科	102
11	杰拉德·皮克	102
13	卡莱斯·普约尔	100
14	大卫·比利亚	98
15	霍尔迪·阿尔瓦*	93
16	费尔南多·耶罗	89
17	圣迪亚戈·卡索拉*	81
17	何塞·安东尼奥·卡马乔	81
19	拉斐尔·戈迪略	75
20	阿尔瓦罗·莫拉塔*	71

注：标注*的为现役球员，本榜单仅取前20名。

历史进球榜

排名	姓名	进球数
1	大卫·比利亚	59
2	劳尔·冈萨雷斯·布兰科	44
3	费尔南多·托雷斯	38
4	大卫·席尔瓦	35
5	阿尔瓦罗·莫拉塔*	34
6	费尔南多·耶罗	29
7	费尔南多·莫伦特斯	27
8	埃米利奥·布特拉格诺	26
9	阿尔弗雷多·迪斯蒂法诺	23
9	塞尔吉奥·拉莫斯*	23
11	胡里奥·萨利纳斯	22
12	米歇尔	21
13	特尔莫·萨拉	20
14	费兰·托雷斯*	18
15	佩德罗*	17
16	伊西德罗·兰加拉	16
16	路易斯·雷盖罗	16
16	皮里	16
16	哈维·阿隆索	16
20	桑蒂拉纳	15
20	圣迪亚戈·卡索拉*	15
20	塞斯克·法布雷加斯	15

注：1.标注*的为现役球员，本榜单仅取前20名。
　　2.本书所有数据截至2024年4月30日。

图书在版编目（CIP）数据

西班牙队 / 流年编著 . -- 北京：北京时代华文书局 , 2024.5
ISBN 978-7-5699-5462-3

Ⅰ . ①西… Ⅱ . ①流… Ⅲ . ①足球运动－体育运动史－西班牙 Ⅳ . ① G843.955.1

中国国家版本馆 CIP 数据核字 (2024) 第 075876 号

XIBANYADUI

出 版 人：陈　涛
选题策划：董振伟　直笔体育
责任编辑：马彰羚
执行编辑：孙沛源
责任校对：李一之
装帧设计：严　一　范宇昊
责任印制：訾　敬

出版发行：北京时代华文书局 http://www.bjsdsj.com.cn
　　　　　北京市东城区安定门外大街 138 号皇城国际大厦 A 座 8 层
　　　　　邮编：100011　电话：010-64263661　64261528

印　　　刷：河北京平诚乾印刷有限公司
开　　　本：880 mm×1230 mm　1/32　　成品尺寸：145 mm×210 mm
印　　　张：7　　　　　　　　　　　　字　　数：139 千字
版　　　次：2024 年 5 月第 1 版　　　　印　　次：2024 年 5 月第 1 次印刷
定　　　价：68.00 元

本书图片由视觉中国提供。
版权所有，侵权必究

本书如有印刷、装订等质量问题，本社负责调换，电话：010-64267955。